初めてでも失敗しない51のレシピ

まいにちおやつ

なかしましほ

はじめに

本を書く時に思い浮かべるのは、
お菓子作りに興味を持ち始めた小学生の私です。
月々のお小遣いよりうんと高かった分厚い一冊のお菓子の本。
写真の中のお菓子たちはおしゃれでおいしそうで、わくわくしました。
毎晩寝る前に開いては、頭の中で
繰り返し作ってシミュレーションしていましたから、
手順はすっかり覚えてしまい、
あとはオーブンさえわが家にやってくれば、完璧でした。
そしてとうとうやってきたオーブンで、
いよいよお菓子作りに挑戦すると、
それはまあ、見事に失敗ばかりなのでした。
膨らまないスポンジケーキ、かちかちのクッキー、
ぺしゃんこのシュー皮(膨らまなければみそ汁の具に
すればいいよって、書いてありましたっけ…笑)。
なんでだろ～、でもおいしいから、まぁいっか。
楽天的な私はその原因を探ることもなく、
とにかくお菓子が作れることが楽しい！しあわせ！
そして子ども時代のお菓子ブームを終えるのでした。

あれから30年。
今、私はお菓子の本を書いています。
あの本に載っていたような
デコレーションたっぷりの華やかなお菓子ではないけれど、
毎日気軽に楽しんでもらえる「おやつ」がたくさん。
あの頃の失敗の原因が、今の私にはわかるから、
そこを間違わないように、意識して書いたつもりです。
難しい工程もできるだけ、シンプルに。
なのでまずはレシピのまま、アレンジせずに作ってみてくださいね。
おやつ作りの楽しさが、たくさんの方に伝わりますように。

1 気軽につまめるおやつ

2 みんなで食べたいケーキみたいなおやつ

フライパンや お鍋で作る お手軽おやつ 3

ひんやりした おやつ 4

COLUMN

◎この本でのお約束ごと
＊1カップ＝200mℓ　大さじ1＝15mℓ　小さじ1＝５mℓです。
＊加熱調理はガスコンロ使用を基準にしています。レシピ中、特に記載のない場合の火加減は中火です。
＊オーブンの焼き時間は、機種によって差があります。レシピの時間を目安に、様子を見ながら加減してください。
＊電子レンジは500Wのものを基準にしています。600Wなら0.8倍、700Wなら0.7倍の時間で加熱してください。
＊卵はMサイズを使用しています。

材料のこと

材料は近くのスーパーで手に入るもので十分です。自分好みの味を見つけてください。

1 卵

生地の膨らみをよくしたり、やわらかな表情に仕上げてくれます。卵の風味がお菓子の味を左右することも多いので、ぜひ新鮮でおいしい卵を使ってみてください。

2 粉類

薄力粉

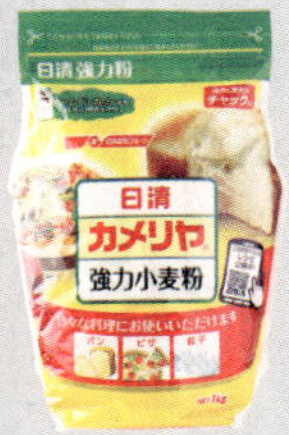

強力粉

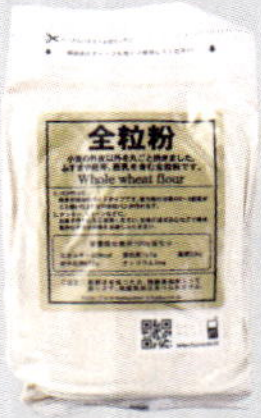

全粒粉

ほとんどのお菓子は薄力粉を使います。スーパーにある一般的なもので十分ですが、分量のほとんどを占める材料なので、ときに国産もの、違う種類のものを選ぶと、食感の変化が楽しめます。強力粉はほろっとしたり、食べ応えのある食感を出す時に。全粒粉は少量加えることで素朴な粉の風味がぐっと際立ちます。

3 ベーキングパウダー

パンや焼き菓子に使われる、膨張剤の一種。水分と結びつくことで、膨らみや、火の通りをよくします。ふだんはアルミが添加されていないものを使っています。苦みも少なく、使いやすいです。

4 オートミール

えんばくという麦の一種をつぶして乾燥させたもの。独特の香ばしさがあり、焼き菓子に入れるとざくざくした食感に。グラノーラ作りには欠かせません。

5 油分

太白ごま油

バター

お菓子をやわらかく仕上げたり、コクを与えてくれます。太白ごま油はクセがなく、使いやすいのでおすすめ。バターは、特に表記がなければ食塩不使用でなく、普通のバター（有塩）を使っています。

6 砂糖

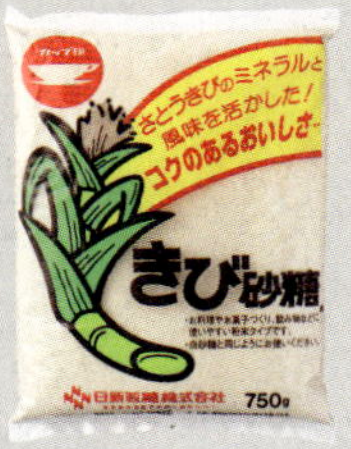

きび砂糖

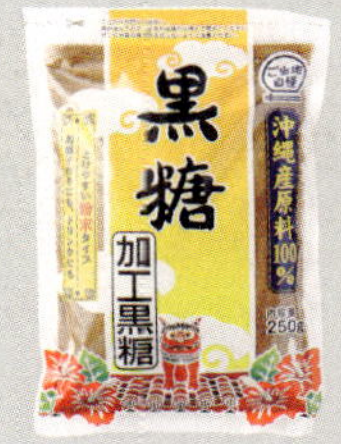

黒砂糖

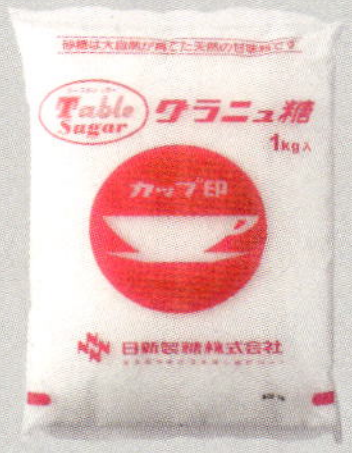

グラニュー糖

粉糖

ほとんどのお菓子にきび砂糖を使っています。精製度が低く、ほんのり茶色い色味ですが、クセがなく、料理にもお菓子にも使えます。砂糖の特徴を生かしたい時は、黒砂糖を使ったり、グラニュー糖や粉糖を使うと、繊細な仕上がりになります。

7 はちみつ・メープルシロップ

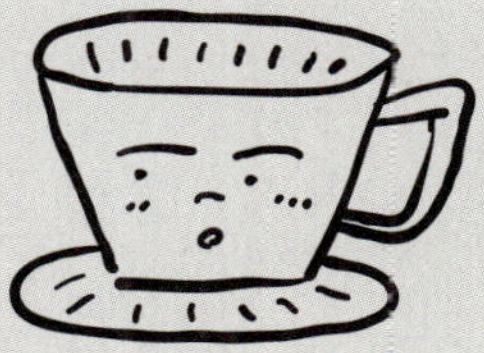

甘みに個性を出す時に使います。強い甘みとコクがあるので、砂糖の一部を置き換えるようにして使います。糖度が高く焼き色がつきやすいので注意してください。

8 乳製品

牛乳

生クリーム

コンデンス
ミルク

ヨーグルト

お菓子にコクとまろやかさを与えてくれます。どれもふだん使っているもので十分です。生クリームは、脂肪分40%以上の動物性のものがおすすめです。ヨーグルトは無糖のものを。

9 大豆製品

豆乳

豆腐

牛乳と豆乳はほとんどのお菓子で置き換えが可能です。豆乳は長く沸騰させると分離するので、加熱しすぎないようにします。豆腐はクリームチーズやヨーグルトの代わりに使ったり、生地をしっとりさせるのにも重宝します。

10 チョコレート・ココア

製菓用ではなく、ふだんから好きな板チョコを使ってみてください。お菓子にはビターすぎるものよりも、適度に甘みがあるミルクタイプが合うと思います。湯せんなどで熱を加えるときは温度が高いと変質するので注意を。ココアは無糖タイプを選びます。

11 ナッツ・ドライフルーツ

私のお菓子では、油脂や乳製品は控えめに、その分たっぷりのナッツやドライフルーツを使います。どちらも油や塩、砂糖などが添加されていないものを選んでください。生のナッツはローストしてから使います。

道具・型のこと

道具は家庭用の、ごはん作りと兼用のものでOK。これだけあればお菓子作りが楽しめます。

1 道具

計量道具

お菓子作りは計量が大事。さじは厚さと深さがしっかりあるもの、カップは200mℓまで細かく量れるものを。はかりは1～2kgまで、1g単位で量れるデジタルスケールを1台揃えましょう。

大さじ

小さじ

計量カップ

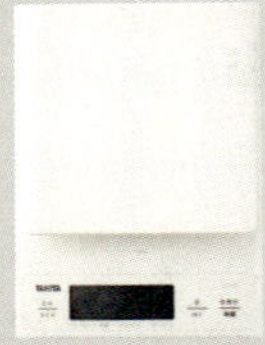

デジタルスケール

ボウル

直径20cmくらいのもので、熱伝導率のよいステンレスのものが便利です。

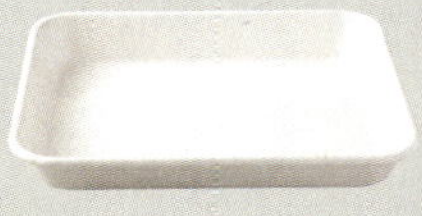

バット

材料を並べたり砂糖をまぶしたりするのに、1～2枚あると重宝します。

ざる

水きりはもちろん、こしたり、粉ふるいの役目も果たします。

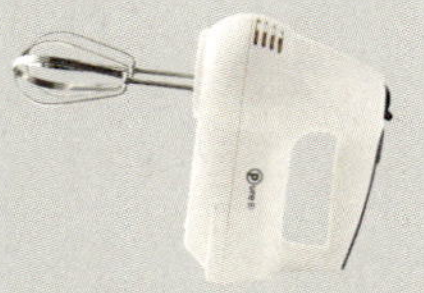

ハンドミキサー

安価なもので十分。1台あるとお菓子作りがぐんと身近になります。

泡立て器

大きすぎない手になじむサイズのものが使いやすいでしょう。

ゴムべら

耐熱のシリコン一体型が便利です。さっくり混ぜたり、加熱しながら混ぜたりこしたりに。

オーブン

同じレシピを繰り返し作り、オーブンのくせを知って。レシピ通りで焦げる場合は、次は温度を10～20℃下げ、生っぽい場合は温度を上げて。手前だけ焼き色がつくなどの場合は、途中です早く向きを入れ替えます。

2 型

角型

丸型

パウンド型

家で食べきれるよう、サイズは一般的なお菓子本のものより小さめです。角、丸は15cmのもの。底が取れる型が便利です。素材はアルミやステンレス、フッ素樹脂加工のものなど。プレゼント用には紙の型を使っても。

私がおやつやさんになったわけ

子どもの頃からおやつが大好きでした。
仏壇の前に行っては、いただきもののお菓子は
ないかな?とチェックをするのが日課。
もちろん一つ上の姉と同じ量だけ食べたくて、
少しでも自分の量が少ないと、
泣いて抗議をするような、食い意地の張った子どもでした。
お菓子作りをするようになったのも、
作るというどこか実験のような楽しみと、
それが食べられるなんて夢のよう!と思ったからです。
だから大人になって回り道をしながらも、
またお菓子作りをするようになり、
しかもそれが仕事となったのは、
案外不思議なことではないのかもしれません。
私の作るものは、美しくデコレーションされた
ケーキ屋さんのお菓子とは違って、
焼きっ放しの、茶色くて素朴なお菓子がほとんど。
だからお菓子というより、
つい「おやつ」と呼びたくなってしまいます。
でもそんなおやつだからこそ、
毎日作っても毎日食べても飽きないのかな?と思います。
しかもそれがお客様に喜んでもらえるなんて、
われながらいい仕事だなと思っています。

1 気軽につまめるおやつ

いつも家にあったらいいなあ
と思うおやつは、何といってもクッキー。
日持ちがするので、多めに作って保存瓶に。
少々面倒でもレシピ通りに繰り返し
作るのが、おいしくできるコツです。

プレーンクッキー

全粒粉が入ってざくっ、ほろっ

飾りけのない、素朴なクッキーがいつも家にあるとうれしいな、と思います。食感もさくさく軽すぎず、ボリッとした少しかためのもの。甘さも控えめに、全粒粉の風味がしっかり味わえるものが好きです。このクッキーのポイントは、バターをしっかり空気を含ませて泡立てること。バターを室温にもどすのが面倒な私は、湯せんにさっとかけて、手早く作ってしまいます。だけど、バターは溶かしてしまわないように注意が必要です。ポイントさえ押さえれば、意外と簡単ですから、ぜひ作ってみてください。

材料
（直径約５cmのもの約40枚分）

卵黄……………………１個分
A 薄力粉……………160g
　全粒粉………………40g
　ベーキングパウダー
　………………小さじ¼
バター…………………80g
牛乳……………大さじ２
きび砂糖………………60g

下準備

・バターは１cm厚さに切ってボウルに入れる。
・天板にオーブン用ペーパーを敷く。

1

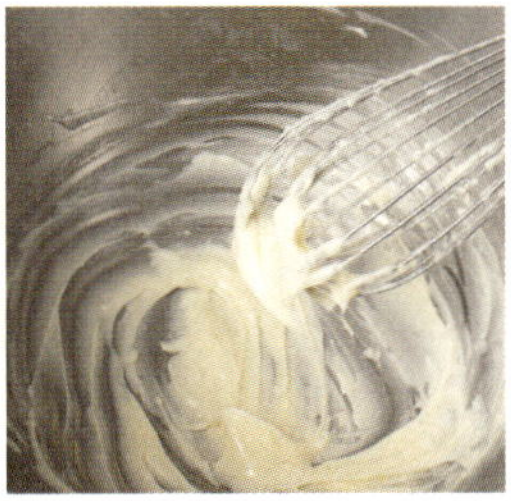

バターを入れたボウルを人肌程度の温度の湯せんにかけ、ゴムべらで切るように混ぜてやわらかくする。バターは溶けると焼き上がりがかたくなるので、時々ボウルを湯せんからはずしながら練る。湯せんをはずし、泡立て器に持ち替え、ふわっとするまでよく混ぜる。

空気を含ませて、
白っぽくなるまで混ぜると
さくさくに焼き上がるよ

2

別のボウルに卵黄、きび砂糖、牛乳を入れ、泡立て器で混ぜてなじませ、バターのボウルに大さじ１くらいずつ加え（a）、そのつどなじむまでよく混ぜる。一度に加えると分離してしまうので少しずつ。

a

3

Aをふるい入れ、ゴムべらで切るように混ぜる。粉けが少なくなり、ほろほろしてきたら、ゴムべらでギュッと押しつけるようにして生地をまとめる。ラップに包んで２cm厚さにのばし、冷蔵庫で１時間ねかせる。グルテンが落ち着き、さくさくになる。

ねかせずに焼くと、
どろ〜んと広がることも
あるから注意！
イカン！

4

オーブンを170℃に予熱する。めん棒で４mm厚さにのばして（b）型で抜き、半量を天板に並べ、18〜20分焼く。よい焼き色がつき、表面がかたくなればOK。天板のまま網にのせ、さめるまでおく。残りも同様に焼いて。

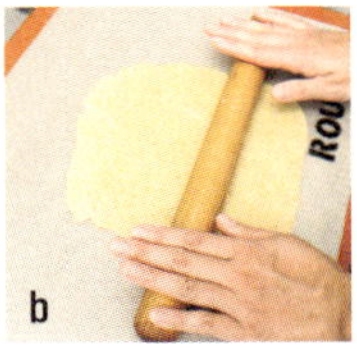
b

ピーナッツバタークッキー

混ぜて丸めて潰して焼くだけ

ピーナッツバターがたっぷりのサクサクのクッキー。オートミールを加えることで、ざくっとした食感も生まれます。バターを使わないクッキーは、ともすると物足りなさを感じることもあるのですが、このクッキーはピーナッツのコクで、十分満足できる味わいに仕上がっています。ピーナッツバターといっても、ナッツのバター＝油脂という意味で、乳製品のバターではありません。作り方もとても簡単。材料をどんどん混ぜていくだけなので、難しい手間もないし、丸めて手で潰すだけなので、型などの道具もいりません。お菓子作りに慣れていない人にも、失敗なく作れるおすすめレシピです。

材料

（直径約7cmのもの約13枚分）

A 薄力粉……………… 80g
　オートミール……… 20g
　ベーキングパウダー
　　………………小さじ⅓
太白ごま油…………… 25g
きび砂糖……………… 30g
牛乳…………………… 20mℓ
ピーナッツバター（チャンクタイプ）………… 80g

下準備

・天板に合わせてオーブン用ペーパーを切り、オーブンは170℃に予熱する。

1

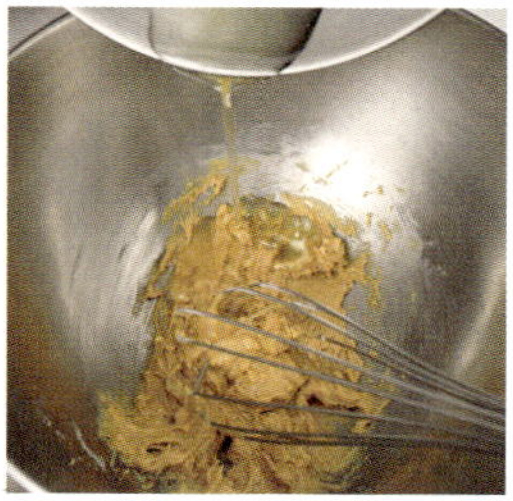

ボウルにピーナッツバターを入れて泡立て器でよく練り、きび砂糖を加えて練り混ぜる。太白ごま油、牛乳の順に加え、そのつどよくなじむまで練り混ぜる。

砂糖を混ぜると
ゆるむのよ

2

別のボウルにAを入れて、泡立て器でぐるぐる混ぜ、だまをなくす。ピーナッツバターを加えて、ゴムべらで練らずに切るように、さっくりと混ぜる。

練らないように
さっくり切るように
混ぜてね

3

生地をボウルに押しつけるようにして混ぜる。粉けがなくなり、１つにまとまったら、大さじ１ずつ取って（a）丸め、オーブン用ペーパーの上に間隔をあけてのせる。

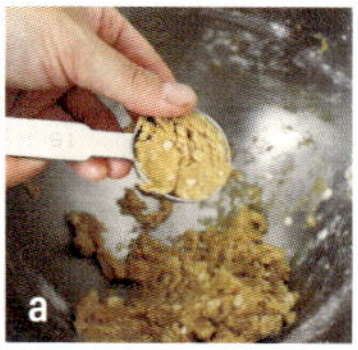
a

4

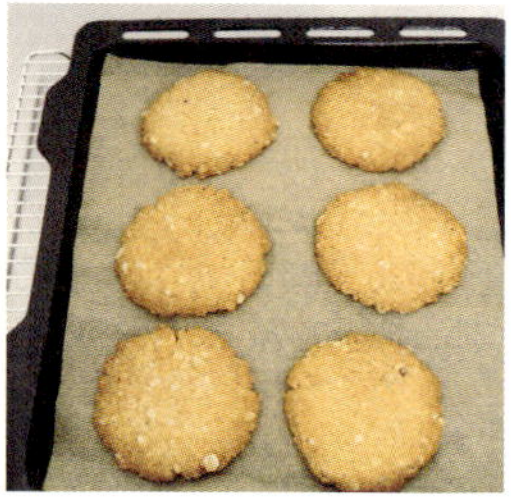

手のひらでギュッと押し潰して、直径約７cmにのばす（b）。オーブン用ペーパーごと天板にのせ、オーブンで18〜20分焼く。全体によい焼き色がつき、表面がかたくなればOK。取り出して、天板のまま網にのせてさまし、余熱で水分をとばす。

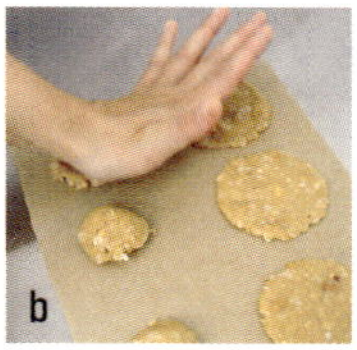
b

ロシアンクッキー

ふわっとやわらかいジャムのせクッキー

ロシアンクッキーは、ロシアのお菓子を日本風にアレンジした焼き菓子。クッキーとケーキの中間のような食感で、ソフトクッキーのイメージです。絞り出しの形と、まん中にのせたジャムが、懐かしさとかわいらしさを生んでいます。いつものクッキーの生地よりちょっぴりバターが多めのリッチな配合で、粉も少なめなので、焼きすぎに気をつけて余熱で中まで火を通すのがポイントです。焼きたてよりも時間が経ったほうが、しっとりケーキのような食感でおいしくなりますよ。

材料
（直径約5cmのもの 7～8個分）

溶き卵……………………½個分
A 薄力粉………………… 80 g
　アーモンドプードル
　　…………………… 20 g
バター（食塩不使用）
　…………………… 50 g
粉糖…………………… 40 g
好みのジャム…………適量

下準備

・溶き卵は室温にもどす。
・天板に合わせてオーブン用ペーパーを切り、オーブンは160℃に予熱する。

1

バターをボウルに入れ、人肌程度の温度の湯せんにかけ、泡立て器でやわらかいクリーム状になるまでよく練る。粉糖を加えてすり混ぜ、ふんわりやわらかくなるまで混ぜる。溶き卵は、分離しやすいので小さじ１くらいずつ加え（a）、そのつどなじむまでよく混ぜる。

a

2

Ａをふるい入れ、ゴムべらで粉を押しつけるようにして、粉けがなくなるまでさっくり混ぜる。生地を絞り袋に入れる。

練らないように
混ぜるのよ

3

オーブン用ペーパーの上に、直径約４cmを目安に、まん中にすき間があかないように絞り出す。中央にジャムを少々のせ、ジャムを囲むようにもう１周生地を重ねて絞り出し、さらにまん中のあいたところにジャムを少々のせる（b）。

b

4

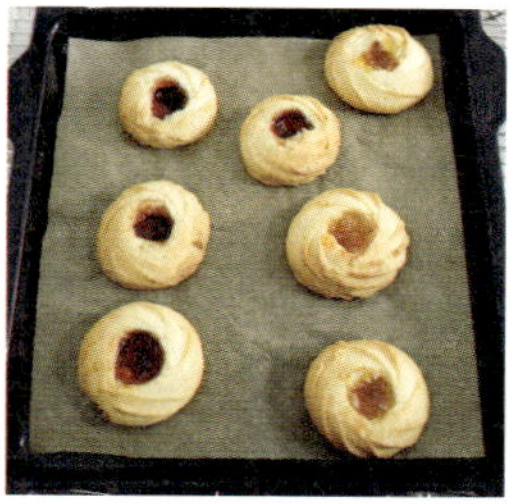

オーブン用ペーパーごと天板にのせ、オーブンで約20分、表面にほんのり焼き色がつくまで焼く。取り出して、天板のまま網にのせてさます。

焼きたては
くずれやすいから
さわらないで
イカン！

チョコナッツクッキー

ナッツが隠し味のさくさくクッキー

ほろっと口の中でほどける食感が楽しいクッキーです。あっさりした油だけだと少し軽くて、バターだけだとコクがあるけどちょっと重い。それが、両方混ぜることで、ちょうどよいコクが生まれるんです。いいとこどりのクッキーですね。ナッツは細かく刻むと生地になじんでさくさくになり、粗めに刻むとカリッとした食感が楽しめます。くずれやすい生地なので、手で丸めるときは、やさしくやさしく、ていねいに丸めてあげてください。使うナッツによっても風味が変わりますから、ぜひお好みのもので、いろいろ試してみてくださいね。

材料
(直径2.5cmのもの約27個分)

薄力粉……………… 100 g
太白ごま油…………… 20 g
バター(食塩不使用) 10 g
板チョコレート……… 60 g
ミックスナッツ(無塩)40 g
粉糖……………………適量

下準備

・天板にオーブン用ペーパーを敷き、オーブンは170℃に予熱する。
・チョコレートとナッツは細かく刻む。

1

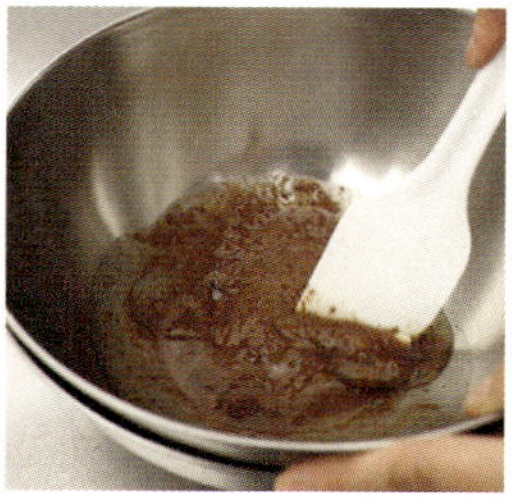

ボウルにチョコレートと太白ごま油、バターを入れて湯せんにかけ、ゴムべらでなめらかになるまで溶かし混ぜ、湯せんをはずす。

2

薄力粉をふるい入れ、ナッツも加えてさっくりと、粉けがなくなるまで混ぜる。ラップを敷いてのせ、めん棒で1cm厚さにのばし、包丁で2cm角に切る(a)。半端な生地は合わせて、同様にのばして切る。

3

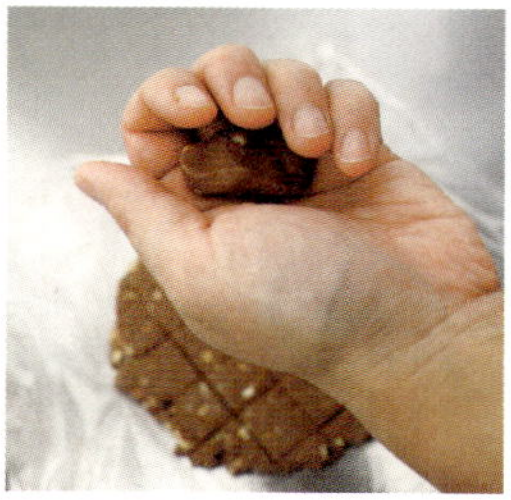

くずれやすい生地なので、1個ずつ手でギュッと握ってまとめてから、両手でやさしく転がして、表面がなめらかになるように丸める(b)。

4

天板に間隔をあけて並べ、オーブンで約15分焼く。焼きたてはくずれやすいのでさわらずに、天板のまま網にのせて粗熱をとる。さめたら、バットに粉糖を広げてまぶす。

あつあつすぎる
お湯はダメよ!
中にお湯が入らないように

a

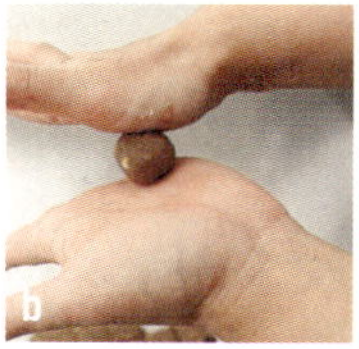
b

ひび割れしないように
なめらかに丸めて
焼くのよ
イカン!

じんわりしょうがの辛みが広がる

ジンジャークッキー

クリスマスツリーのかわいいオーナメントに使われる、ジンジャーやシナモンなどのスパイスがきいたクッキー。一般的にはジンジャーパウダーで作りますが、私は生のしょうがをすりおろして、より新鮮な風味に仕上げます。しっかりした辛みも、はちみつと合わせるとバランスがよく、食べやすくなります。クリスマスシーズンは、お店に飾ると、子どもたちにおねだりされることも多く、1つ2つとプレゼントするうちに、どんどんさみしいツリーに(笑)。それもまた、うれしい冬の風物詩です。

材料(約35枚分)

A 薄力粉……………100 g
　きび砂糖…………… 30 g
　塩……………………少々
太白ごま油…………… 30 g
はちみつ………… 大さじ 1
おろししょうが‥ 大さじ 1

・ココア味は薄力粉を80 g にし、ココア20 g とシナモンパウダー小さじ⅓を加え、作り方は同様に。

下準備

・おろししょうがとはちみつをなめらかになるまで混ぜる。
・天板にオーブン用ペーパーを敷き、オーブンは170°Cに予熱する。

1

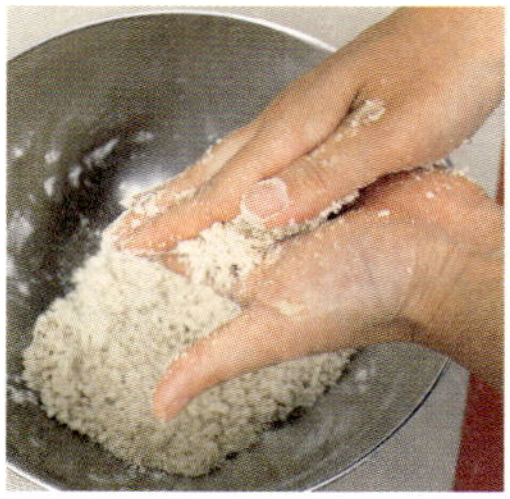

ボウルにAを(ココア味はココア、シナモンパウダーも)入れて手で混ぜる。太白ごま油を量りながら加え、再び手でぐるぐる混ぜる。そぼろのようなかたまりになってきたら、両手ですり合わせてほぐしていく。

2

大きなかたまりがなくなり、粉全体がしっとりするまで混ぜたら、しょうがとはちみつを混ぜたものを加える(a)。さらにぐるぐる混ぜると、自然と生地がまとまってくるので、練らないように生地を1つにまとめる。

3

ラップを広げてのせ、めん棒で4㎜厚さにのばす(b)。厚さがポイント、定規で測っても。型で抜き、やわらかければラップの下から手を当ててはがし、天板に並べる。飾り用は竹串で穴をあけ、オーブンで20〜25分焼く。よい焼き色がつき、表面がかたければOK。天板のまま網にのせてさます。

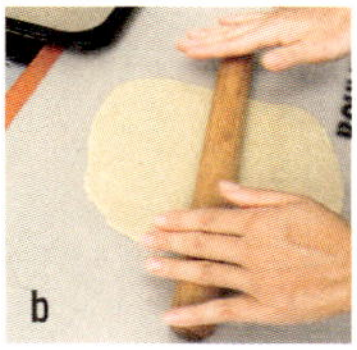

ココアとナッツのビスコッティ

ざくざくポリポリの食感が楽しい

ビスコッティは〝2度焼いた〟という意の名前のイタリアのお菓子。カリッとかたいので、コーヒーなどにひたして食べるのがお約束です。しかし、私が作るビスコッティは、コーヒーにひたさなくてもポリポリそのまま食べられる、程よいかたさを目指しています。お茶の間にいつもある、おせんべいのように身近な存在だといいなと思っています。生地にほんの少し油を加えると、かたさがやわらぎ、ぐんと食べやすくなるんですよ。2度しっかり焼いて、カリッとした仕上がりを楽しんでください。

材料
（6cm長さのもの・約38個分）

卵……………………………1個
A 薄力粉………………80g
　ベーキングパウダー
　　………………小さじ¼
　ココア………………20g
　シナモンパウダー
　　………………小さじ½
太白ごま油………大さじ1
きび砂糖………………50g
ミックスナッツ（無塩）
　……………………100g

下準備

・天板に合わせてオーブン用ペーパーを切り、オーブンは180℃に予熱する。
・ミックスナッツは粗めに刻む。

1

ボウルに卵ときび砂糖を入れ、泡立て器ですり混ぜ、太白ごま油を加えて、よく混ぜる。Aをふるい入れ、ゴムべらでさっくり混ぜ、粉けが少し残っているところでミックスナッツを加える。ゴムべらでナッツを生地に押しつけるように混ぜ、粉けがなくなればOK。

長く混ぜるとべたつくから
粉けがなくなったら
手を止めてね！

2

生地を2等分し、手に太白ごま油（分量外）を少々つけ、両手で棒状にのばす。オーブン用ペーパーの上に間をあけて並べ、約6cm幅、1cm厚さの長方形に形作る（a）。表面を手でていねいになでつけて、なめらかにする。

a

3

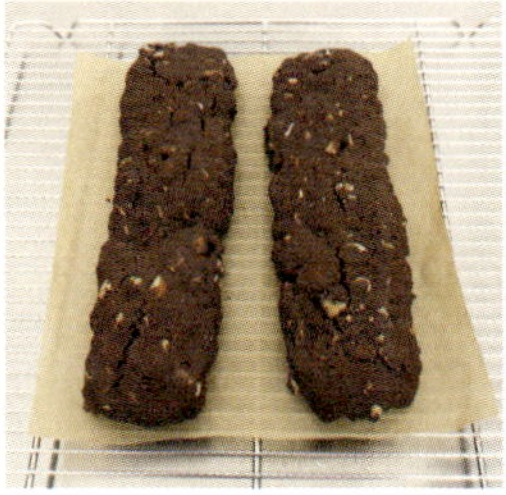

オーブン用ペーパーごと天板にのせ、オーブンで約15分焼く。ペーパーごと網の上に取り出し、粗熱をとって約1cm幅に切る（b）。再びペーパーごと天板にのせる。

b

4

切り口を上にして並べ、オーブンを150℃にして約30分、じっくり水分をとばして焼き、まん中をさわってかたくなっていたらOK。天板のまま網にのせ、さめるまでおき、しっかり水分をとばす。

じっくり水分をとばして
焼いてね

チーズスコーン

外はカリッ中はふんわり。朝ごはんにも

スコーンはアフタヌーンティー向きのイギリスタイプや、ざくざく具の入ったアメリカンタイプなどいろいろ。油脂や砂糖が控えめなので、軽食代わりにも楽しめます。何よりうれしいのは、少し大ざっぱに作っても、なんだかおいしくできてしまうところ。私好みの外はカリッ、中はふんわりのスコーンは、生地を耳たぶ程度のかたさにまとめるのがポイント。ベーキングパウダーは水分と反応するので、ギュッとかたい生地だとふんわり膨らみません。生焼けかわからない時は、焼きたてでなく粗熱がとれた頃に割ってみて、まん中がほわっとしていたらOK。焼いてる間からチーズがよい香りですよ。

材料（4個分）

- A 薄力粉…………… 100g
  - ベーキングパウダー……………小さじ1強
  - きび砂糖…………… 20g
  - 粗びき黒こしょう…少々
- バター（食塩不使用）‥ 40g
- 牛乳……………………50mℓ
- チェダーチーズ……… 30g

下準備

- 天板に合わせてオーブン用ペーパーを切り、オーブンは180℃に予熱する。
- バターは1cm角に切って、冷蔵庫で冷やす。
- チーズは7mm角に切る。

1

ボウルにAを入れて、手でぐるぐるとよく混ぜる。バターを加え、フォークで粉になじませながら潰す。さらに指先ですり混ぜ（a）、大きな固まりをなくす。バターは溶かしてしまうとさくさく感がなくなるので、指先で手早くすり混ぜて粉となじませるのがポイント。

2

牛乳を加えて手でぐるぐると混ぜ、粉けが少なくなったらチーズを加えて混ぜて（b）、1つにまとめる。生地は耳たぶくらいのかたさになるよう、かたければ牛乳（分量外）を少々加える。

3

生地を4等分にして2cm厚さに円くまとめ、間隔をあけてオーブン用ペーパーにのせる（c）。オーブン用ペーパーごと天板にのせ、オーブンで約20分、よい焼き色がつくまで焼き、網にのせて粗熱をとる。

a

b

c

きな粉グラノーラ

ミルクやアイスと相性もぴったり

いろいろな店で見かけるグラノーラ。私の店「フードムード」でも数年前から作っていますが、うちのグラノーラは一般的なものよりも、クッキーのようなかたまりが、ごろっと残るように作ります。小麦粉をつなぎに入れると、適度なかたまりが生まれるんですよ。人気はメープルやチョコのグラノーラ。最初はそのままつまんで、残ったらミルクやアイスクリームと一緒に食べる人が多いようです。この和風グラノーラは、きな粉独特のこうばしさが広がり、ミルクをかけるときな粉ミルクのようで、また違うおいしさに。甘納豆をトッピングしたら、おじいちゃん、おばあちゃんにも喜ばれそう。

材料

(作りやすい分量・約450mℓ分)

A 薄力粉……………… 20g
　オートミール…… 120g
　きび砂糖…………… 60g
　きな粉……………… 30g
　塩……………………適量
太白ごま油…………… 40g
豆乳(成分無調整)……50mℓ
くるみ………………… 50g
甘納豆………………… 100g

下準備

・天板にオーブン用ペーパーを敷き、オーブンは170°Cに予熱する。
・くるみは150°Cに予熱したオーブンで約10分焼いて、粗く刻む。

1

ボウルにAを入れて手でぐるぐる混ぜる。太白ごま油を加えて、全体にいきわたるようによく混ぜる。両手でつまんだり(a)、すり合わせたりして混ぜると、なじみやすい。

a

2

くるみと豆乳を加えて、手でもみ込むようにして混ぜ(b)、水分を全体にいきわたらせる。

b

3

天板に約1cm厚さに平らに広げ、オーブンで約15分焼く。いったん取り出し、スプーンで固まりを小さめの一口大にくずしながら、焼きムラを防ぐため、周囲と中央を入れ替えるように混ぜる。さらに10〜15分焼き、全体によい焼き色がつき、表面がかたくなればOK。

くっついているから
食べやすくくずし混ぜて
もぐもぐ

4

天板のまま網にのせてさます。水分が抜けてカリッとしていればOK。完全にさめてから甘納豆を加えて混ぜる。

甘納豆がしっとりタイプだと
湿気やすくなるから
食べる直前に混ぜてね

「気軽につまめるおやつ」のバリエーション

ロシアンクッキー(16〜17ページ参照)をチョコ味に

ロシアンチョコクッキー

材料(直径約5cmのもの7〜8個分)

溶き卵½個分　A(薄力粉50g　ココア15g　アーモンドプードル20g)　バター(食塩不使用)50g　粉糖40g　板チョコレート(ホワイト)50g

下準備

・溶き卵は室温にもどす。
・チョコレートは細かく刻む。
・天板に合わせてオーブン用ペーパーを切り、オーブンは160℃に予熱する。

作り方

❶バターをボウルに入れ、人肌程度の温度の湯せんにかけ、泡立て器でクリーム状になるまでよく練る。粉糖を加えてふんわりやわらかくなるまですり混ぜ、溶き卵を小さじ1くらいずつ、7〜8回に分けて加え、そのつどなじむまでよく混ぜる。
❷Aをふるい入れ、ゴムべらで粉を押しつけるように、粉けがなくなるまでさっくり混ぜる。
❸生地を絞り袋に入れ、オーブン用ペーパーの上に直径約4cmに、中央にすき間があかないように絞り出す。もう1周生地を重ねて絞り出す。
❹オーブン用ペーパーごと天板にのせ、オーブンで約20分、ほんのり焼き色がつくまで焼き、天板のまま網にのせてさます。
❺チョコレートはボウルに入れ、湯せんにかけて溶かす。クッキーの中央に適量のせ、固まるまで少しおく。

ココアとナッツのビスコッティ(22〜23ページ参照)をきな粉味に

きな粉ビスコッティ

材料(6cm長さのもの約38個分)

卵1個　A(薄力粉80g　きな粉20g　ベーキングパウダー小さじ¼)　太白ごま油大さじ1　きび砂糖50g　いり大豆100g　コーティング(板チョコレート(ホワイト)100g　きな粉20g)

下準備

・天板に合わせてオーブン用ペーパーを切り、オーブンは180℃に予熱する。
・ホワイトチョコは細かく刻む

作り方

❶ボウルに卵ときび砂糖を入れて泡立器ですり混ぜ、太白ごま油を加えて混ぜる。Aをふるい入れ、ゴムべらでさっくり混ぜる。大豆を加え、粉けがなくなるまでゴムべらで大豆を生地に押しつけるように混ぜ込む。
❷生地を2等分して、手に太白ごま油(分量外)を少々つけて棒状にのばす。オーブン用ペーパーの上に間をあけて並べ、約6cm幅、1cm厚さの長方形に広げる。手で表面をなめらかにする。
❸オーブン用ペーパーごと天板にのせ、オーブンで約15分焼く。ペーパーごと網に取り出して粗熱を取る。約1cm幅に切り、ペーパーごと天板にのせ、切り口を上にして並べる。
❹150℃にしてさらに約30分焼き、まん中をさわってかたくなっていたらOK。天板のまま網にのせてさます。
❺コーティングの材料をボウルに入れ、湯せんにかけて溶かし、④につける。オーブン用ペーパーにのせて、固まるまでしばらくおく。

チーズスコーン（24〜25ページ参照）を
アレンジして

くるみチョコスコーン

材料（４個分）

A（薄力粉80ｇ　全粒粉20ｇ　ベーキングパウダー小さじ１強　きび砂糖20ｇ）　バター（食塩不使用）40ｇ　牛乳50mℓ　板チョコレート、くるみ各20ｇ

下準備

・天板に合わせてオーブン用ペーパーを切り、オーブンは180℃に予熱する。
・くるみとチョコは粗く刻む。
・バターは１cm角に切って冷蔵庫で冷やす。

作り方

❶ボウルにAを入れて混ぜる。バターを加え、フォークで粉になじませながら潰す。指先でかたまりがなくなり、さらさらになるまですり潰し、粉となじませる。
❷牛乳を加えて、手でぐるぐる混ぜ、粉けが少なくなったらくるみとチョコを加えて混ぜ、１つにまとめる。
❸オーブン用ペーパーの上にのせ、厚さ約２cmに円く広げ、４等分に切る。間隔をあけて置き、ペーパーごと天板にのせて、オーブンで約20分焼く。網の上にのせて粗熱をとる。

きな粉グラノーラ（26〜27ページ参照）を
コーヒー味に

コーヒーグラノーラ

材料（作りやすい分量・約450mℓ分）

A（薄力粉50ｇ　オートミール120ｇ　きび砂糖60ｇ　塩少々）　太白ごま油40ｇ　ココナッツミルク50mℓ　好みのナッツ、レーズン各50ｇ　インスタントコーヒー大さじ１½

下準備

・天板にオーブン用ペーパーを敷き、オーブンは170℃に予熱する。
・ナッツは粗く刻む。
・ココナッツミルクにインスタントコーヒーを溶き混ぜる。

作り方

❶ボウルにAを入れて手で混ぜる。太白ごま油を加えて、両手で全体になじむように混ぜる。コーヒーを溶かしたココナッツミルクを回し入れ、粉けがなくなるまで混ぜ、ナッツも加えてさっと混ぜる。
❷天板に約１cm厚さに平らに広げ、オーブンで約15分焼く。いったん取り出してスプーンで固まりを小さめの一口大にくずし、周囲と中央を入れ替えるように混ぜて広げ、さらに約15分かたくなるまで焼く。
❸取り出して、天板のまま網にのせて粗熱を取る。カリッとしていればOK。レーズンを混ぜてさめるまでおく。

私の好きなおやつは…

おやつの好みは、自分の作るものと同じで、
シンプルなものが好きです。
本当は勉強も必要と思いますが、
新しい味や奇抜な味にはあまり興味がありません。
しかも好きになると、そればかり食べるので、
ますます世界が広がりません(笑)。
ショートケーキが苦手なので
(というと驚かれますが、やわらかいスポンジと
かたいいちごという組み合わせが、好きではありません)、
ケーキ屋さんではたいていモンブラン。
しかも黄色い懐かしいタイプが好き。
誕生日とクリスマスは毎回トップスのチョコレートケーキ。
和菓子屋さんへ行ったら豆大福、
クッキーなら近くのウエストの直売所へ
自転車を走らせます。
家では、ゆっくりおやつを作るという機会は少ないのですが、
週末にホットケーキや白玉、おはぎなど、どちらかというと
ごはんにもなるようなおやつを、作ることがあります。
私の実家では晩ごはんに
おはぎとお味噌汁が普通に出てくることがあり、
夫に同じようにして出したら、驚かれましたっけ。

2 みんなで食べたいケーキみたいなおやつ

ホールのケーキは見た目難しそうでも、
生地の作り方はシンプルなものばかり。
クリームや季節の材料で、
いろいろアレンジもできます。
カット次第で大きく印象が変わるのも、
楽しんでもらえたらと思います。

スフレとベイクドのいいとこ取り

ベイクドチーズケーキ

みんな大好きなチーズケーキは、大きく分けるとオーブンで焼くベイクドと、ゼラチンで固めるレアの2タイプ。さくさくのビスケットを敷いたベイクドタイプの主役はもちろんクリームチーズ。そしてサワークリームで爽やかな酸味とコクをプラス。卵は卵黄とメレンゲに分けて加えることで、スフレタイプに近いふんわりとした口溶けになり、ベイクドらしいどっしり感も残しています。作ってすぐより、翌日、翌々日と、だんだん味がなじんでおいしくなるお菓子なので、年末に作って、お正月に家族や友人たちと一緒に食べるのもいいですね。きっとみんなに喜ばれますよ！

材料（直径15cmの丸型１台分）

卵……………………… 1個
薄力粉………………… 20g
きび砂糖……………… 60g
クリームチーズ…… 200g
サワークリーム…… 100g
生クリーム………… 100mℓ
クラスト（土台）
　プレーンビスケット 70g
　バター（食塩不使用）25g

下準備

・クリームチーズは室温にもどす。
・卵は卵黄と卵白に分ける。
・バターは電子レンジで約30秒加熱して溶かす。
・型の底と、側面より少し高くなるようにオーブン用ペーパーを切って敷き、オーブンは170℃に予熱する。

1

ビスケットは厚手のポリ袋に入れ、めん棒でたたいて細かくする。小さめのボウルに溶かしバターとともに入れ、スプーンで混ぜて全体をなじませる。型に敷き詰め、スプーンの背でやさしく押して型に密着させる。

2

ボウルにクリームチーズを入れ、だまが残らないように、泡立て器でなめらかになるまで混ぜる。きび砂糖の半量、サワークリーム、卵黄、生クリームの順に加え、そのつどなめらかになるまで混ぜ、薄力粉もふるい入れて混ぜ、ざるでこす。

3

別のボウルに卵白を入れてハンドミキサーでもこもこするまで泡立て、残りのきび砂糖を２回に分けて加え、ピンとつのが立つまで泡立てる（a）。泡立て器に持ち替え、卵白をひとすくい２のボウルに加えて混ぜ、なじんだら逆に、卵白のボウルにすべて加え、ムラがなくなるまで混ぜる。

4

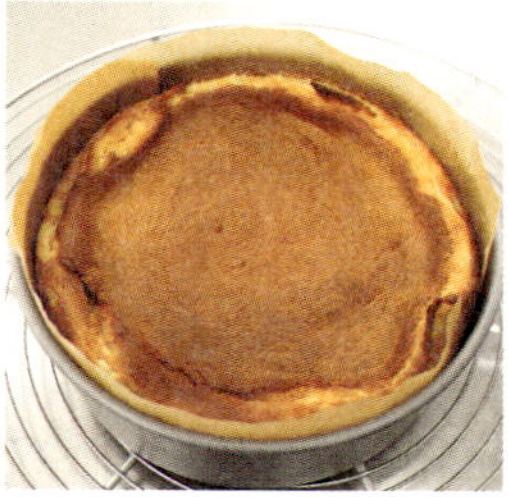

生地を１に流し入れる（b）。オーブンで約45分、よい焼き色がつくまで焼く。まん中を竹串で刺して、どろっとした生地がつかなければOK。型のまま網にのせて完全にさまし、保存用袋に入れ、冷蔵庫で半日冷やす。

やさしく、でも
しっかり押して！

でき上がりの
口当たりが違うから
ちゃんとこしてね！

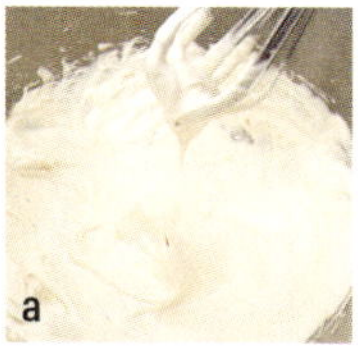
a

b

アップルパイ

生のりんごをのせて焼くクイックパイ

りんごのおやつといえば、まず思いつくのがアップルパイ。だけど〝パイ〟と聞くと、何だか難しそう?と思う人も多いはず。でもこのパイは粉に材料を混ぜていくだけで、さくっとした生地ができるので、とっても簡単なんですよ。ポイントは、生地をしっかり冷やしてあげること。だれたままの生地を焼いても、さくさくにはならないんです。ジューシーなりんごはたっぷりのせたいところですが、生地に火が通りにくくなってしまうので、まずは分量通りに試してみてくださいね。

材料（約20cm四方1枚分）

薄力粉……………………80ｇ
バター……………………50ｇ
牛乳………………………20mℓ
りんご…………………… I 個
グラニュー糖…… 大さじ I
シナモンパウダー……少々

下準備

・天板にオーブン用ペーパーを敷く。

1

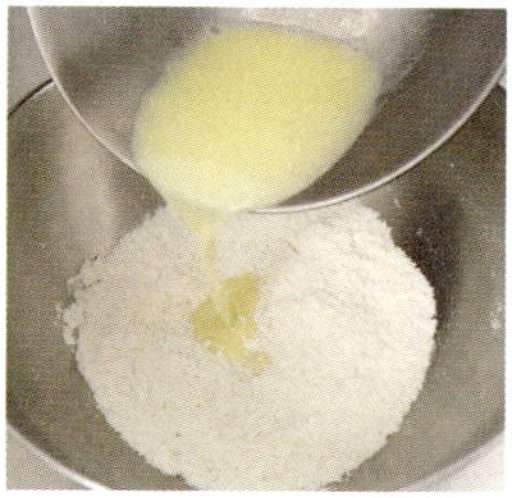

ボウルに薄力粉を入れて泡立て器でぐるぐる混ぜ、だまをなくす。別のボウルにバターと牛乳を入れて湯せんにかけ、バターが溶けたら湯せんからはずす。泡立て器でとろりとするまでよく混ぜ、粉の入ったボウルに加える。

バターが溶けたらすぐ
湯せんからはずすのよ
もぐもぐ

2

ゴムべらでさっくりと、粉けがなくなるまで混ぜる。ラップに包んで冷蔵庫で I 時間以上冷やしてねかせ、オーブン用ペーパーの上に取り出す（a）。

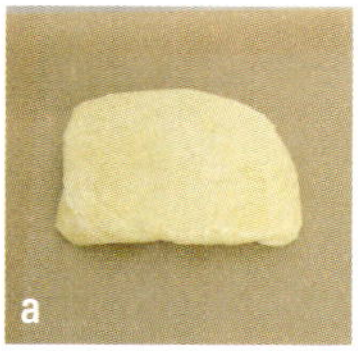
a

3

オーブンを190℃に予熱する。**2** をめん棒で２mm厚さ、約20cm四方にのばす（b）。再度冷蔵庫で、りんごを切る間やすませておく。りんごはよく洗って芯を除き、皮つきのまま３～４mm厚さに切る。

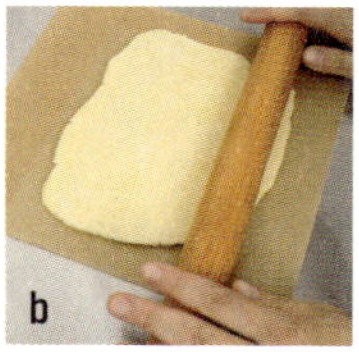
b

4

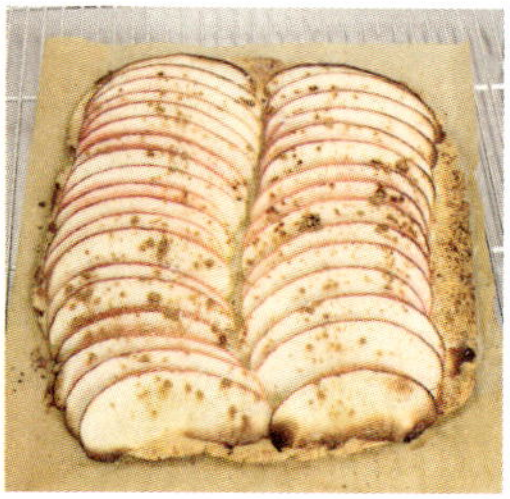

冷やしておいた生地を取り出し、りんごを少しずらしながら並べ、グラニュー糖、シナモンをふる（c）。オーブンで30分、りんごにうっすら焼き色がつくまで焼く。お好みであつあつにアイスクリームを添えて。

c

キャロットケーキ

たっぷりのにんじんでしっとり

にんじんたっぷり、アメリカのホームメイドケーキは、日本でも今人気のメニューです。私も10年ほど前から焼いていますが、自分の好みの変化で少しずつマイナーチェンジをして、今の形になりました。にんじんはすりおろすと水分がたっぷり出るのでしっとりしますが、少し重たい焼き上がりに。フードプロセッサーか包丁で、細かく刻む方法にしています。これで生地はしっとり、食感はほろっと食べやすくなる気がします。やさしい味わいのケーキにチーズクリームが相性ピッタリで、クリームがあって初めて完成するおいしさだと思います。週末のブランチにもおすすめです。

材料(15×15cmの角型1台分)

- 卵……………………… 2個
- A 薄力粉…………… 140g
  - ベーキングパウダー、シナモンパウダー……………各小さじ½
- 太白ごま油…………… 80g
- きび砂糖……………… 80g
- にんじん…… 1本(約200g)
- くるみ………………… 50g
- ココナッツファイン‥ 20g
- クリーム
  - クリームチーズ… 150g
  - 牛乳……………大さじ1
  - きび砂糖…………… 40g
  - レモン汁……… 小さじ2

下準備

・くるみは150℃のオーブンで約10分焼き、粗く刻む。
・にんじんはフードプロセッサーでみじん切りにする。
・型にオーブン用ペーパーを敷き、オーブンは170℃に予熱する。
・クリームチーズは室温にもどす。

37

1

ボウルに卵ときび砂糖を入れて、湯せんにかけながらハンドミキサーで泡立てる(a)。人肌程度に温まったら湯せんをはずし、リボン状に跡が残るようになるまで泡立てる。太白ごま油も加えて、ハンドミキサーで混ぜる。

2

ゴムべらに持ち替えて、にんじんを加えてさっと混ぜ(b)、Aをふるい入れる。さっくりと混ぜ、粉けが少なくなったらくるみ、ココナッツファインも加えてさっと混ぜる。

3

型に流し入れて、オーブンで約50分焼く。竹串をまん中に刺し、ドロッとした生地がつかなければOK。型からはずして網にのせ、しっかりさます。

4

クリームを作る。ボウルにクリームチーズを入れてゴムべらでやわらかく練る。きび砂糖、レモン汁、牛乳の順に加えて、そのつどなめらかになるまで混ぜる。しっかりさましたキャロットケーキにのせ、ナイフで平らに広げてぬる(c)。

a

b

にんじんがたっぷりだから
じっくり焼いてね

c

チョコバナナケーキ

たっぷり２本分のバナナでしっとり

おやつに、軽い朝ごはんにもぴったりのケーキです。卵をしっかり泡立てて作るので、ふんわりやわらかい生地が特徴で、刻んだチョコとくるみがアクセントになっています。バナナを丸ごと2本たっぷり使っているので、翌日でもしっとりとした生地になっています。冷やして食べるのがおすすめです。黒い斑点の出た、よく熟したバナナを使うのがポイント。私は、そのまま食べるためにバナナを買うことはほとんどないのですが、熟しているバナナを見つけると、どうも放っておけなくなり……ついついお菓子用に買ってしまうのです。

材料
(19×9×8㎝のパウンド型1台分)

卵…………………………1個
A 薄力粉……………100g
　ベーキングパウダー
　………………小さじ½
太白ごま油……………40g
きび砂糖………………60g
板チョコレート………40g
完熟バナナ200g(約2本)
くるみ…………………20g

下準備

・オーブン用ペーパーを、型より1㎝高くなるように切って敷き、オーブンは170℃に予熱する。
・くるみは150℃のオーブンで約10分焼いて粗く刻む。
・バナナはフォークの背でよく潰す。チョコレートは粗く刻む。

1

ボウルに卵ときび砂糖を入れて、湯せんにかけながら、ハンドミキサーで泡立てる。卵が人肌程度の温度になったら湯せんからはずし、そのまままもこもこ全体がふくらみ、リボン状に跡が残るまで泡立てる。

もこもこになるまで
しっかり泡立てて!

2

ボウルをはかりにのせて太白ごま油を量りながら加え、ハンドミキサーの低速で油がなじむまで混ぜる。バナナを加えて同様に混ぜる。Aをふるい入れてゴムべらでさっくりと混ぜ、粉けが少なくなったら、チョコレートとくるみを加えて(a)さっと混ぜる。

a

3

型に流し入れ、オーブンで約45分焼く。竹串で中央を刺して、どろっとした生地がついてこなければOK。5㎝くらいの高さから型をトンと落として熱気を抜き、型から出して網にのせてさます。

バナナの熟し具合で
もう少し焼き時間が
かかることも!

パイナップルロール

さっぱりクリームとパイナップルでひと味違う

ロールケーキって自分で焼けるの？と驚かれることが多いです。ちょっと難しいイメージがあるみたい。でも、慣れると意外と手軽に作れるんですよ。焼き時間が短いので夏のおやつにも。巻くのが難しいという方、私の母のロールケーキははまぐりのような形でした。コツは「えいっ！」と一気に巻くこと。恐る恐るジワジワ巻くと、うまく巻き込めないのです。何度かトライしてみてください。生地の表巻き、裏巻きはお好みで。生地をしっかりさましてからクリームをぬってくださいね。

材料（30×30cmの天板１枚分）

卵……………………… 3 個
薄力粉………………… 40 g
太白ごま油………大さじ 1
きび砂糖……………… 60 g
クリーム
　パイナップル缶
　　汁をきって…… 200 g
　プレーンヨーグルト
　　……………………50mℓ
　生クリーム……… 150mℓ
　きび砂糖…………… 20 g

下準備

・オーブン用ペーパーを天板より一回り大きくなるように切って敷き、オーブンは190℃に予熱する。
・パイナップルは細かく刻み、ペーパータオルに包んで、軽く汁けをとる。
・卵はボウルに卵黄と卵白に分けて入れる。

1

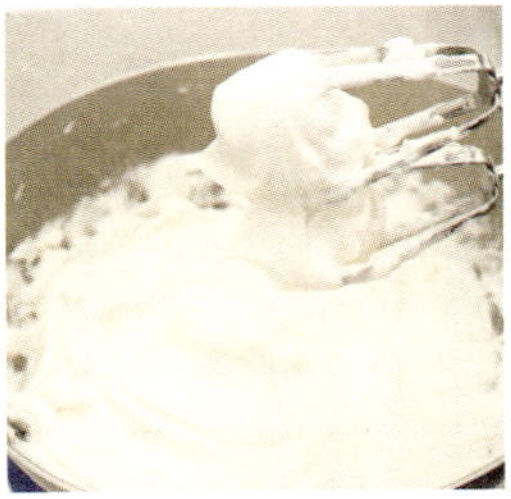

卵黄にきび砂糖の⅓量を加え、泡立て器でとろりとするまで混ぜ（a）、太白ごま油も加えて混ぜる。卵白はハンドミキサーで、もこもこするまで泡立てる。残りのきび砂糖の½量を加えて混ぜ、なじんだら残りの砂糖も加え、ピンとつのが立つまで泡立てる。

2

卵白に卵黄を加えて泡立て器でなじむまでさっと混ぜる。薄力粉をふるい入れ、粉けがなくなるまでぐるぐると混ぜる。天板にゴムべらで流し入れ、平らに隅までいきわたらせる（b）。

3

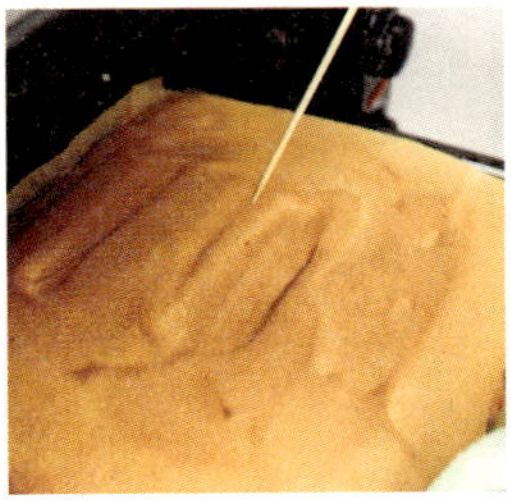

オーブンで約10分焼く。まん中に竹串を刺し、ベタベタした生地がつかなければOK。天板から取り出して網にのせてさます。その間にクリームを作る。ボウルに生クリームときび砂糖を入れ、氷水に当ててハンドミキサーでつのが立つまで泡立て、ヨーグルト、パイナップルを加えて混ぜる。

4

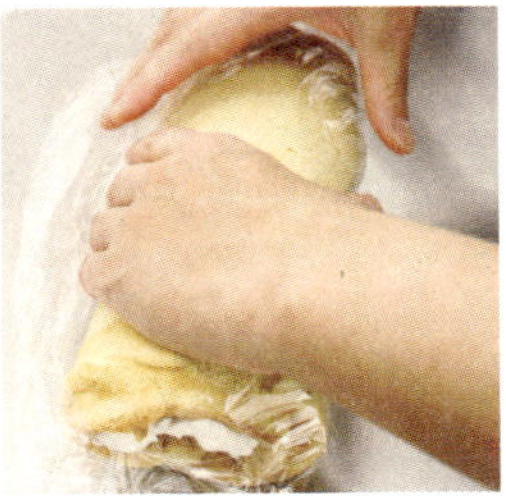

ラップを生地より一回り大きく広げて生地をのせ、生地の向こう約２cmを残してクリームをぬる。手前をラップごと持ち上げ、少し立ち上がりを作って押さえ、ラップをはずしながら一気に巻く（c）。ラップでピッチリ包み、冷蔵庫で約30分おいてなじませる。

a

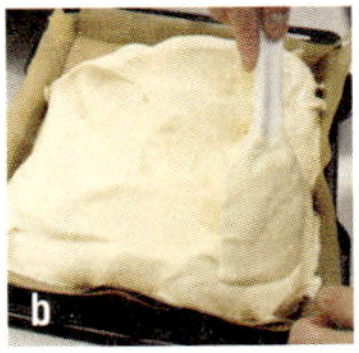
b

c

ふわふわ カステラ

味がなじむ翌日がおすすめ

カステラは材料がとってもシンプルなので、昔から気軽に作っています。お店のようにきめ細かな美しいカステラではなく、ふわふわでしっとり、小さな気泡もご愛きょうの、おうちのおやつです。作りやすく、食べやすい小さめの角型を使います。焼くと膨らむので、オーブン用ペーパーは型より少し高く敷いて。粉は強力粉にするとカステラらしい弾力のある食感が生まれ、卵黄と卵白を別立てにすることで、きめが細かい生地になります。焼きたてよりも一晩おいてなじませると、ぐんとしっとり。ざらめのジャリッとした食感と、ふわふわ生地のコントラストを楽しんでください。

材料（15×15㎝の角型１台分）

卵……3個
強力粉……80g
太白ごま油……大さじ1½強
きび砂糖……80g
はちみつ……大さじ1
ざらめ糖……大さじ½
牛乳……40mℓ

下準備

・型にオーブン用ペーパーを2枚重ねて、型より1cm高くなるように敷く。オーブンは180℃に予熱する。
・卵はボウルに卵黄と卵白に分けて入れる。

1

卵黄にきび砂糖⅓量、はちみつを入れて泡立て器で混ぜ、太白ごま油、牛乳も加えて混ぜる。卵白をハンドミキサーでもこもこに泡立て、残りのきび砂糖を2回に分けて加え、しっかりつのが立つまで泡立てる。卵黄にひとすくい加え（a）、なじむまで混ぜ、卵白にすべて加えてムラなく混ぜる。

2

強力粉をふるい入れ、泡立て器で粉けがなくなるまで混ぜる（b）。ゴムべらに持ち替え、泡を消さないように底からすくって混ぜ、きめを整える。

3

型に生地を少量入れて広げ、ざらめ糖を全体に散らす。残りの生地を流し入れ、ゴムべらで表面をならす。オーブンで約10分焼き、160℃に下げてさらに約40分焼く。

4

竹串で刺して焼き上がりをチェック。ベタベタした生地がついてこなければ焼き上がり。型から出して網にのせ、生地がしっとりするように、温かいうちに網ごと大きめのポリ袋に入れて、そのままおいてさます（c）。

a

b

ざらめを先に入れると
紙に全部くっついちゃう
イカン！

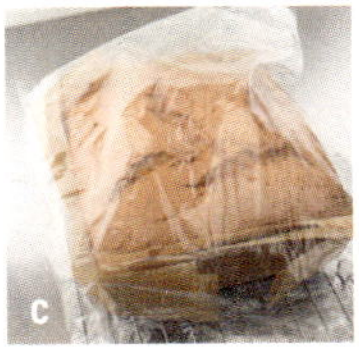
c

モカブラウニー

ほんのりコーヒー風味のしっとり食感

コーヒーのお供にピッタリなブラウニー。ねっちり濃厚なものもありますが、私が作るのはケーキとクッキーの中間のような感じ。味は濃厚だけど、食感はちょっと軽めを目指します。混ぜるだけの簡単レシピですが、しっとり感を出すポイントは、卵を泡立てすぎないこと。生地が膨らみすぎるとふかふかになってしまうからです。ベーキングパウダーもちょっぴりだけ加えると、適度なしっとり＆ふんわり感が出ます。チョコはカカオ分が高すぎると苦みが強くてバランスが悪いので、おすすめは一般的なミルクチョコレート。チョコを変えて食べ比べるのも楽しいです。

材料（15×15cmの角型１台分）

- 卵……………………… 1個
- A 薄力粉……………… 20g
  - ベーキングパウダー……………… 小さじ⅓
  - ココア……………… 20g
- バター（食塩不使用） 40g
- きび砂糖……………… 30g
- 牛乳……………… 大さじ2
- 板チョコレート……… 80g
- インスタントコーヒー……………… 小さじ1
- ピーカンナッツ……… 60g

下準備

・ピーカンナッツは150℃のオーブンで約５分焼き、粗く刻む。
・牛乳を温めてコーヒーを溶き、コーヒー液を作る。チョコレートは細かく刻む。
・型にオーブン用ペーパーを敷き、オーブンは160℃に予熱する。

1

ボウルにチョコレートとバターを入れて湯せんにかけ、少しおいてからなめらかになるまで混ぜる（a）。別のボウルに卵ときび砂糖を入れ、きび砂糖がなじむまでよく混ぜ、チョコレートとコーヒー液を順に加え、そのつどなめらかになるまで混ぜる。

2

Aをふるい入れる（b）。ゴムべらでさっくりと混ぜ、粉けが少し残るくらいでピーカンナッツを加え、粉けがなくなるまでさっと混ぜ合わせる。

3

型に流し入れて（c）、オーブンで約20分焼く。竹串を刺して、ドロッとした生地がついてこなければOK。型からはずして、オーブン用ペーパーをつけたまま網にのせてさます。食べやすい大きさに切る。

a

b

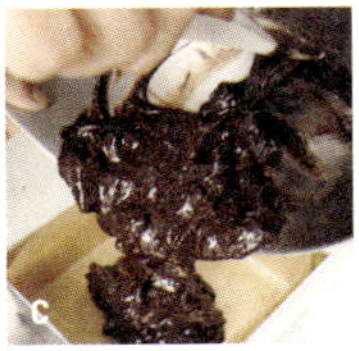

c

ミルキーな風味が広がる

ホワイトチョコチーズケーキ

作る型や切り方で印象が変わるのがケーキの楽しいところ。ここでは、チーズケーキを食べやすいスティックタイプにしました。1切れずつワックスペーパーで包んだら、プレゼントにもピッタリです。このチーズケーキ、実は生地にお砂糖を使いません。ホワイトチョコを溶かして加えることで、生地にほどよい甘みとミルキーなコクが加わります。ヨーグルトとレモンの皮の風味も、爽やかなアクセントになっています。

材料(15×15cmの角型1台分)

溶き卵……………… 2個分
薄力粉………………… 20g
クリームチーズ…… 200g
プレーンヨーグルト· 100mℓ
板チョコレート(ホワイト)
…………………… 100g
レモン(国産)の皮… 1個分
クラスト土台
　プレーンビスケット
　…………………… 70g
　バター(食塩不使用)
　…………………… 20g

下準備

・型にオーブン用ペーパーを敷き、オーブンは170℃に予熱する。
・クリームチーズは室温にもどす。バターは電子レンジで約30秒加熱して溶かす。
・チョコレートは細かく刻み、レモンはよく水洗いして、皮をすりおろす。

1

ビスケットは厚手のポリ袋に入れて、めん棒で細かくたたく。ボウルに溶かしバターとともに入れ、スプーンで全体になじませる。型に広げ入れ、スプーンの背で平らに押して密着させる。ボウルにチョコレートを入れ、湯せんにかけてなめらかに溶かす。

ビスケットがなければ
グラノーラでもいいね

2

別のボウルにクリームチーズを入れて、泡立て器でなめらかになるまで混ぜる。卵、ヨーグルトを順に加えてそのつど混ぜ、**1**のチョコレートを入れて混ぜる。

ホワイトチョコで
甘みをつけるの
ムムッ

3

薄力粉をふるい入れて混ぜ、ざるでこして生地をなめらかにする。レモンの皮を加えて混ぜ、型に流し入れる。

だまが残るから
必ずこしてね
イカン！

4

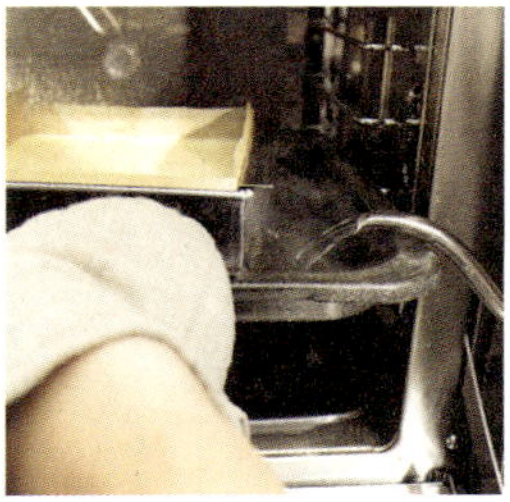

オーブンの天板にのせ、天板に1cm深さの湯を注ぎ入れ、約45分湯せん焼きにする。取り出して、型のまま網にのせて(a)完全にさまし、保存用袋に入れ、冷蔵庫で約半日冷やす。

a

バターいらずのふんわりケーキ

カップショートケーキ

カップケーキは今や専門店もできるほど、世界的にも大人気。色とりどりのデコレーションに目を奪われます。私のカップケーキは生地に生クリームを混ぜて、コクはあるけれど、バターよりも軽やかに仕上げます。クリームには水きりヨーグルトを混ぜて爽やかな味わいに。絞りやすいかたさなので、お好みの形を楽しんでくださいね。かわいいミニサイズで、プレゼントにもピッタリ。お友達の家に持っていくなら、クリームは絞り袋に入れていき、食べる直前に絞ってもいいですね。中に入れるジャムや、フルーツを変えても楽しめますよ。

材料（直径5cmのマフィンカップ5個分）

- 卵……………………… 1個
- A 薄力粉……………… 80g
  - ベーキングパウダー……………小さじ⅓
- きび砂糖……………… 50g
- 生クリーム……………70mℓ
- いちごジャム…… 小さじ5
- トッピング
  - きび砂糖…………… 30g
  - プレーンヨーグルト………………… 100mℓ
  - 生クリーム……… 100mℓ
- いちご………… 小5粒

下準備

・ヨーグルトはペーパータオルで約1時間水きりする。
・オーブンは180°Cに予熱する。
・卵はボウルに卵黄と卵白に分けて入れる。

1

卵白はハンドミキサーでもこもこするまで泡立て、きび砂糖を2回に分けて加え、やわらかくつのが立つまで泡立てる。別のボウルに生クリームを入れて泡立て器でピンとつのが立つまで泡立て、卵黄を混ぜる。卵白も加え（a）、なじむまでさっと混ぜる。

2

Aをふるい入れ、ゴムべらで粉けがなくなるまでさっくり混ぜる。

3

カップに生地を少量入れて、いちごジャムを小さじ1落とし入れ、残りの生地を七分目まで入れる。天板に並べ、オーブンで約18分焼く。中央に竹串を刺してべたべたした生地がつかなければOK。網にのせてしっかりさます。

4

ボウルにトッピングの生クリームときび砂糖を入れて、氷水に当てながらピンとつのが立つまで泡立てる。ヨーグルトを加えて（b）よく混ぜる。絞り袋を使って、カップケーキに好みの形に絞り、いちごを飾る。

a

ほわっとした
生地だけど大丈夫！

焼くと自然に
生地が広がるの

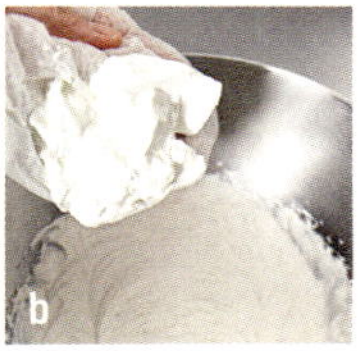
b

ちいさなガトーショコラ

マフィン型で小さく。味は本格派

ガトーショコラって、どっしり濃厚なイメージがありませんか？　だけど、小さなマフィン型で焼けば、おやつにちょうどよいサイズになって、短時間で焼きあがるのもうれしいところ。ビターチョコ、ミルクチョコ、どんなチョコレートを使うかで、でき上がりの味が変わってくるのも楽しいんですよ。口に入れたときにシュッと溶けるのは、メレンゲのおかげ。きれいなメレンゲがチョコやココアの油分でしぼんでしまわないよう、手早く作業するのを心がけてくださいね。ベリーを添えたり、大人にはラム酒入りの生クリームを添えてみても、おいしくいただけますよ。

材料
（直径7㎝のマフィン型6個分）

卵……………………… 2個
きび砂糖……………… 60g
バター（食塩不使用）
　……………………… 50g
牛乳…………………… 40㎖
ココア………………… 40g
板チョコレート……… 60g

下準備

・チョコレートは細かく刻み、ボウルにバターと入れて湯せんにかけ、なめらかになるまで溶かし混ぜる。
・卵はボウルに卵黄と卵白に分けて入れる。
・マフィン型に紙カップを敷き、オーブンは170℃に予熱する。

1

ボウルに卵白を入れてハンドミキサーで泡立て、もこもこに泡立ってきたらきび砂糖を２回に分けて加え、ピンとつのが立つまで混ぜ、つやのあるメレンゲを作る。

ぼそぼそにならないように
なめらかなメレンゲを
泡立ててね

2

泡立て器に持ち替え、メレンゲに卵黄、牛乳の順に加えて、なじむまでさっと混ぜる。ココアもふるい入れ、粉けがなくなる程度にさっと混ぜる。チョコレートを加える（a）。

a

3

ゴムべらでさっと、チョコレートの筋が見えなくなるまで混ぜる。型に八分目まで流し入れる（b）。

b

4

オーブンで20〜25分焼く。竹串を刺してみて、べたべたした生地がついてこなければOK。型からはずして網の上でさます。器に盛り、好みで生クリームを泡立てて、フルーツとともに添えても。

余熱で火が入ったり
蒸れちゃうから
すぐ型からはずしてね

まんまる マドレーヌ

ぷっくりふくらんだ形が愛らしい

バターたっぷり、本場フランスのマドレーヌも好きですが、昔ながらのケーキ屋さんの平たいアルミ型で焼いた、やさしい卵味のマドレーヌも大好きです。自分で作る時は、このどちらのおいしさも感じられる、外がカリッとこうばしく、中はふんわりやさしい卵味のマドレーヌを作ります。レモンの皮を少し加えると、ぐっと奥行きのある風味に。砂糖にはちみつを加えることで、さめてもしっとり。小さいお菓子は長い時間焼くと生地がぱさぱさになるので、高めの温度で、短時間で焼き上げるのがポイント。ラッピングして手土産にしたら喜ばれますね。

材料
（直径7㎝のマドレーヌ型6個分）

卵…………………………1個
A 薄力粉………………50g
　ベーキングパウダー
　　………………小さじ⅓
バター（食塩不使用）
　………………………40g
きび砂糖………………40g
はちみつ…………大さじ½
レモン（国産）の皮…½個分

下準備

・バターは電子レンジで約30秒加熱して溶かす。
・オーブンは180℃に予熱する。
・レモンはよく水洗いして、皮をすりおろす。

1

ボウルに卵、きび砂糖、はちみつを入れて湯せんにかけ、ハンドミキサーで泡立てる（a）。人肌程度に温まったら湯せんをはずす。もったり白っぽく、きめが細かくなればOK。

2

Aをふるい入れ、ゴムべらでボウルの底から生地をすくい上げながら粉をはじき出すように、練らずに粉けがなくなるまで混ぜる。

3

溶かしバターとレモンの皮を加え、さらにゴムべらでボウルの底から生地をすくい上げるようにして、なじむまで混ぜる。

4

型の八分目まで生地を流し入れ、天板に間隔をあけて置き、オーブンで約14分焼く。竹串を刺してみて、ドロッとした生地がついてこなければOK。網にのせてさます。

a

練らないでね！
粉けがなくなればOKよ
イカン！

バターがなじむまで
さっとね
ムムッ

さつまいものおやき

じっくりフライパン焼きがコツ

おやきは長野県などの有名な郷土料理。地粉を練って余ったお惣菜を詰めて囲炉裏で焼き、農作業の合間のおやつに食べたのが始まりだそう。私は新潟県出身ですが、子どもの頃よく食べていました。覚えているのは、甘じょっぱいきんぴらがもっちりした皮に包まれた、食べごたえのあるおやき。おやつならあんこのほうがいいなと、子ども心に思った記憶があります。私が作るおやきは、フライパンでカリッと焼いてからオーブンで焼き上げるもの。少しだけパンのようにふんわりさせて、外側はカリカリに焼き上げます。具材たっぷりで軽いごはん代わりにもなります。

材料（直径約6㎝のもの6個分）

- A 強力粉…………… 100ｇ
  - ベーキングパウダー………………小さじ¼
  - きび砂糖…………… 10ｇ
  - 塩……………………少々
- あん
  - さつまいも……… 1個（約200ｇ）
  - バター……………… 20ｇ
  - 牛乳……………大さじ1
  - きび砂糖…………… 20ｇ
- 太白ごま油………大さじ1

下準備

・天板にオーブン用ペーパーを敷く。

55

1

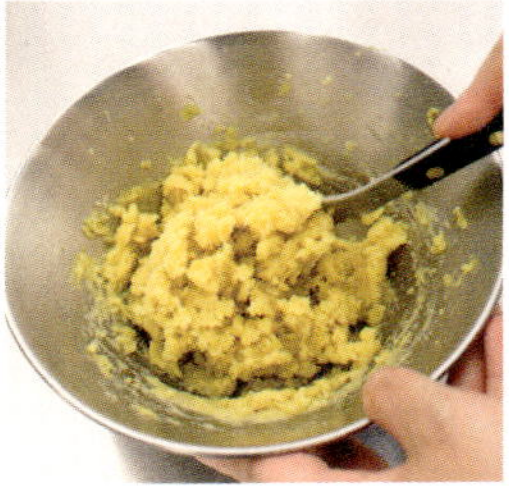

さつまいもは皮をむいて一口大に切り、鍋にひたるくらいの水と入れて（a）火にかける。やわらかくなったら水けをきる。ボウルに入れてフォークの背でなめらかに潰す。熱いうちにきび砂糖とバターを加えて混ぜる。牛乳も加え混ぜ、しっかりさます。

2

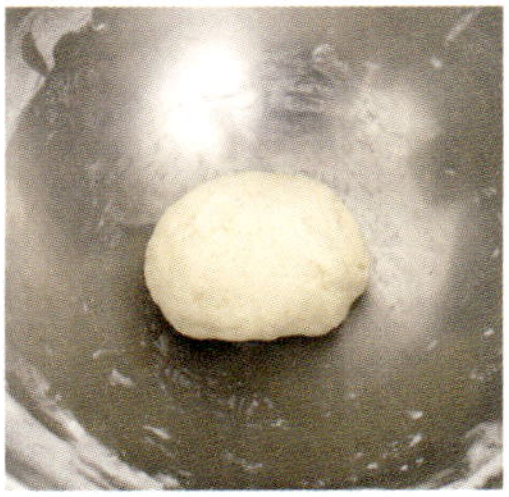

ボウルにAを入れて泡立て器でざっと混ぜる。熱湯60㎖を回し入れ、菜箸でポロポロにほぐし、太白ごま油も回し入れて混ぜ、さわれる温度か確かめて手でこねる（b）。生地がつるんとしてまとまるまで約1分間こね、ラップに包んで室温で約30分、一回り大きくなるまでおく。

3

あんを6等分して丸め、生地も6等分して丸める。生地を両手ではさんで潰し、手のひら大にのばし、端をつまんで、さらに薄く広げのばす（c）。あんを中央に置き、くるむように生地の端を少しずつつまんでは留めて包む。表面を平らにならし、円くまとめる。

4

オーブンは180℃に予熱する。フライパンをごく弱火にかけ、小皿に太白ごま油少々（分量外）を入れておやきを両面さっとつけて入れる。片面3〜5分ずつ、両面よい焼き色がつくまでじっくり焼く（d）。天板に並べ、オーブンで約10分、表面がカリッとするまで焼く。

アップルパイ（34〜35ページ参照）の生地で作る

うずまきパイ２種

材料（約40個分）

薄力粉80ｇ　バター50ｇ　牛乳20mℓ
粉チーズ、粗びき黒こしょう、グラニュー糖、シナモンパウダー各適量

下準備

・天板にオーブン用ペーパーを敷き、オーブンは190℃に予熱する。

作り方

❶ボウルに薄力粉を入れ、泡立て器でだまがなくなるまで混ぜる。別のボウルにバターと牛乳を入れて湯せんにかけ、バターが溶けたら湯せんからはずし、泡立て器でとろりとするまで混ぜて、薄力粉のボウルに加える。
❷ゴムべらでさっくりと粉けがなくなるまで混ぜ、ラップに包んで冷蔵庫で1時間以上ねかせる。
❸オーブン用ペーパーの上に取り出し、めん棒で２mm厚さ、約20cm四方にのばして半分に切る。半分には粉チーズとこしょうを散らし、半分にはグラニュー糖とシナモンパウダーを散らす。横長にぐるぐる巻いて、直径２〜３cmの棒状にのばし、ラップで包んで冷蔵庫で約30分冷やす。
❹５mm幅に切り、切り口を上に天板に並べ、約15分焼く。

キャロットケーキ（36〜37ページ参照）のクリームと形を変えて

キャロットマフィン

材料（マフィンカップ４〜５個分）

卵１個　A（薄力粉70ｇ　ベーキングパウダー、シナモンパウダー各小さじ¼）　太白ごま油40ｇ　きび砂糖40ｇ　にんじん½本（約100ｇ）　くるみ25ｇ　ココナッツファイン10ｇ　クリーム（木綿豆腐150ｇ　きび砂糖20ｇ　レモン汁少々）

下準備

・オーブンを150℃に予熱してくるみを約10分焼き、粗く刻む。
・にんじんはフードプロセッサーでみじん切りにする。
・オーブンは180℃に予熱する。
・豆腐はしっかり水きりをする。

作り方

❶ボウルに卵ときび砂糖を入れて、湯せんにかけながらハンドミキサーで泡立てる。人肌程度に温まったら湯せんをはずし、リボン状に跡が残るようになるまで泡立てる。太白ごま油も加えて、ハンドミキサーで混ぜる。
❷にんじんを加えてさっと混ぜ、Aをふるい入れる。ゴムべらでさっくりと混ぜ、粉けが少なくなったらくるみ、ココナッツファインも加えて混ぜる。
❸マフィンカップに等分して流し入れ、オーブンで約30分焼く。竹串を中央に刺し、ドロッとした生地がつかなければOK。しっかりさます。
❹クリームの材料をフードプロセッサーまたはすり鉢でクリーム状に混ぜ、③に等分して添える。

パイナップルロール（40～41ページ参照）の生地で作る

ティラミス

材料（4個分）

41ページのパイナップルロールの生地1枚分　シロップ（インスタントコーヒー10g　砂糖30g　湯150mℓ）　クリーム（プレーンヨーグルト450mℓ　生クリーム200mℓ　きび砂糖40g）　ココア適量

作り方

❶41ページの作り方1～3の要領で焼いて、しっかりさました生地を器に合わせて切る。
❷クリームを作る。ボウルに生クリームときび砂糖を入れ、ハンドミキサーでつのが立つまで泡立て、ヨーグルトを加えて混ぜる。
❸①、シロップ、②を交互に2段重ね入れ、冷蔵庫で冷やしてココアをふる。

下準備

・ヨーグルトはペーパータオルを使い、冷蔵庫で1晩水きりし、200gにする。
・天板にオーブン用ペーパーを敷き、オーブンは190℃に予熱する。
・シロップの材料を溶き混ぜてさます。

ふわふわカステラ（42～43ページ参照）の半量で作る

カステラボール

材料（約直径2.5cmのもの約15個分）

43ページのカステラ½台分　生クリーム50mℓ　レーズン大さじ1　ラム酒適量　ココア適量

下準備

・レーズンはラム酒にひたして一晩おき、ラムレーズンを作り、粗く刻む。

作り方

❶43ページの要領で焼いてさましたカステラ½台分は、表面のざらめを軽く落とし、ボウルに入れて細かくくずす。
❷ラムレーズン、生クリームを加えてゴムべらでさっくり混ぜる。
❸大さじ1ずつ丸め、ココアをまぶす。

モカブラウニー（44～45ページ参照）を和風にアレンジ

あんこブラウニー

材料（15×15cmの角型1台分）

卵1個　A（薄力粉20g　ベーキングパウダー小さじ⅓　ココア20g）　バター（食塩不使用）40g　きび砂糖30g　牛乳大さじ1　こしあん（市販品）100g　甘納豆適量

下準備

・型にオーブン用ペーパーを敷き、オーブンは160℃に予熱する。

作り方

❶ボウルにこしあんとバターを入れて湯せんにかけ、バターが溶けたら、なめらかになるまで混ぜる。

❷別のボウルに卵ときび砂糖を入れ、きび砂糖がなじむまでしっかり混ぜ、①と牛乳を順に加え、そのつどなめらかになるまで混ぜる。

❸Aをふるい入れ、ゴムべらでさっくりと、粉けがなくなるまで混ぜる。

❹型に流し入れて甘納豆を散らし、オーブンで約20分焼く。竹串を刺してドロッとした生地がついてこなければOK。型からはずして、オーブン用ペーパーをつけたまま網の上でさます。

カップショートケーキ（48～49ページ参照）をチョコ味に

チョコカップケーキ

材料（直径5cmのマフィンカップ5個分）

卵1個　A（薄力粉60g　ベーキングパウダー小さじ⅓　ココア10g）　きび砂糖50g　生クリーム70mℓ　くるみ20g　トッピング（板チョコレート50g　生クリーム100mℓ）

下準備

・オーブンは180℃に予熱する。
・くるみとチョコは、それぞれ細かく刻む。

作り方

❶卵を卵黄と卵白に分ける。ボウルに卵白を入れ、ハンドミキサーでふんわりするまで泡立て、きび砂糖を2回に分けて加え、きめ細かくとろっとするまで泡立てる。

❷別のボウルに生クリームを入れ、泡立て器でピンとつのが立つまで泡立て、卵黄を混ぜる。①も加えて全体がなじむようにさっと混ぜる。

❸Aをふるい入れ、ゴムべらで粉けがなくなるまでさっくり混ぜる。くるみも加えてさっと混ぜる。

❹カップの七分目まで入れ、オーブンで約18分焼く。中央に竹串を刺してべたべたした生地がつかなければOK。網にのせてしっかりさます。

❺小鍋にトッピングの生クリームの半量を入れて火にかけ、沸騰直前まで温める。ボウルにチョコと一緒に入れて混ぜ、チョコを溶かす。残りの生クリームを加えて、底を氷水に当てながら、つのが立つまで泡立てる。絞り袋で好みの形に絞る。

まんまるマドレーヌ(52〜53ページ参照)の生地を倍量にして

ブルーベリー パウンドケーキ

材料(19×9×8cmのパウンド型1台分)

卵2個　A(薄力粉100g　ベーキングパウダー小さじ⅔　アーモンドプードル20g)　バター(食塩不使用)80g　きび砂糖100g　ブルーベリー100g

下準備

・バターは電子レンジで30秒加熱して溶かし、温めておく。

・型にオーブン用ペーパーを敷き、オーブンは170℃に予熱する。

作り方

❶ボウルに卵ときび砂糖を入れて混ぜ、湯せんにかけてハンドミキサーで泡立てる。人肌程度に温まったら湯せんをはずし、もったりとして、白っぽくきめが細かくなるまで泡立てる。

❷Aをふるい入れ、ゴムべらでボウルの底から生地をすくい上げるように、粉けがなくなるまで練らずに混ぜる。

❸溶かしバターを加え、ゴムべらでボウルの底から生地をすくい上げるように、バターがなじむまでさっと混ぜる。

❹ブルーベリーを加えてさっと混ぜ、型に流し入れてオーブンで約45分焼く。5cmくらいの高さから型をトンと落として熱気を抜き、型から出して網にのせてさます。

さつまいもおやき(54〜55ページ参照)の具材を変えて

きんぴらそぼろおやき

材料(直径約6cmのもの6個分)

A(強力粉100g　ベーキングパウダー小さじ¼　きび砂糖10g　塩少々)　太白ごま油大さじ1　きんぴらそぼろ(とりひき肉100g　ごぼう、にんじん各150g　合わせ調味料〈砂糖小さじ2　酒、しょうゆ各大さじ2　水少々〉　白いりごま、赤とうがらしの小口切り各少々　ごま油適量)

下準備

・天板にオーブン用ペーパーを敷き、オーブンは180℃に予熱する。

・きんぴらそぼろを作る。ひき肉をごま油でさっと炒め、2cm長さのせん切りにしたごぼうとにんじんを加えて炒める。合わせ調味料で調味してごま、とうがらしを加えて混ぜ、さます。

作り方

❶ボウルにAを入れて泡立て器でざっと混ぜる。熱湯60mℓを回し入れ、菜箸でポロポロにほぐし、太白ごま油を入れて混ぜる。温度を確かめ、手で生地がつるんとしてまとまるまで、約1分を目安にこね、ラップに包んで室温で約30分、一回り大きくなるまでおく。

❷6等分にして丸め、両手ではさんで潰し、手のひら大に伸ばし、端をつまんで薄く広げのばす。きんぴらを等分してのせ、生地の端をつまんで包む。表面をならし、円くまとめる。

❸フライパンをごく弱火にかけ、②に太白ごま油少々(分量外)をつけて入れ、片面3〜5分ずつ、両面きつね色になるまでじっくり焼く。天板に並べて、オーブンで約10分、カリッと焼く。

おやつのアイディアはどこから？

いつレシピを考えてるんですか？とよく聞かれますが、
いつもぼんやりとレシピのことが頭の中にあるので、
特別にレシピを考える時間を作る、
ということはしていません。
組み合わせと大まかな分量まで頭で考えたら、
試作をしてみます。
ほとんど1回でイメージ通りの味になるという
知り合いの料理家さんがいて、
すごい！と思ったのですが、
私の場合は何回か作ってイメージに寄せていく感じです
（まれに1回でピタリと決まることもありますが…）。
そしてその素になるのは、
子どもの頃食べたものの影響が大きいなと思います。
その頃に覚えた味はやっぱり今でも好きなのです。
子どもの頃のおいしい！と感じた瞬間をたぐりよせるように、
おやつを作っています。
あとは最近、お菓子教室などで地方に行く機会も多く、
その土地の郷土菓子をいただくのが楽しみになっています。
風土と結びついたお菓子は、格別の魅力を感じます。
シンプルでおおらかで、また食べたくなる味。
そんな郷土菓子のようなおやつを
自分も生み出せたらと思っています。

フライパンや
お鍋で作る
お手軽おやつ

3

台所にいつもある材料や道具で、
おやつ作りができたらいいなと思います。
フライパンやお鍋で作るおやつは
親しみがあり、懐かしい、
素朴なものばかり。少々の手間もまた
おやつ作りの楽しさです。

バナナ ホットケーキ

ヨーグルトでふんわり、バナナでしっとり

子どもの頃のおやつ作りといえば、ミックス粉を使ったホットケーキでした。でも、実は家にある材料で簡単にホットケーキが作れるんです。生地にバナナを混ぜると、しっとりした食感になります。ヨーグルトにはふんわりとふくらみをよくする効果もあります。厚みを出すポイントは、生地をフライパンに広げずにこんもり置き、いじらずじっくり焼くこと。ふわっと厚みのある焼き上がりになります。思い立ったらすぐに作れるので、わが家では週末の朝ごはんの定番です。

材料
(直径12〜14cmのもの4枚分)

卵……………………… 1個
A 薄力粉…………… 100g
　ベーキングパウダー
　　…………… 小さじ1½
太白ごま油…………… 10g
きび砂糖………………30g
牛乳……………………50mℓ
プレーンヨーグルト…50mℓ
バナナ(熟したもの)
　………… 1本(約100g)
バター、はちみつ…各適量

下準備

・バナナはフォークの背で潰す。

1

ボウルに卵ときび砂糖を入れて泡立て器でよく混ぜる(a)。バナナ、ヨーグルト、牛乳、太白ごま油を順に加えて、そのつどよく混ぜる。

2

Aをふるい入れ、泡立て器でまず中心をぐるぐると混ぜる(b)。粉がなじんできたら、大きく外側に向かって、粉けがなくなるまで混ぜる。

3

フライパンを弱火で熱し、太白ごま油(分量外)を薄くひく。生地玉じゃくし約1杯分を中央にこんもりと入れ(c)、弱火でさわらずに2〜3分焼く。気泡が出て縁が乾き、色よく焼けたら上下を返し、さらに2〜3分じっくり焼く。同様にあと3枚焼く。バターをのせてはちみつをかける。

a

b

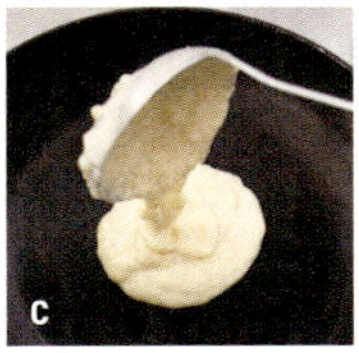

c

メープルワッフル

昔ながらの洋菓子屋さんの味

昔からある洋菓子屋さんで見かけるような、ふんわりしっとり、懐かしいスポンジタイプのワッフルが好きです。フライパンで焼くので、とっても気軽に作れます。ちょっぴりどら焼きに似てる？　いえいえ、ちゃんとワッフルです。卵をしっかり泡立てて作るので、焼きたては外がカリッとして、クリームがなくてもおいしく食べられます。お好みのクリームやジャムをサンドして、いろいろ味を楽しんでくださいね。

材料（6個分）

卵……………………………1個
A 薄力粉…………… 100g
　ベーキングパウダー
　……………………小さじ½
バター………………… 20g
太白ごま油…………… 20g
きび砂糖……………… 20g
メープルシロップ…… 20g
牛乳………………… 100mℓ
クリーム
　生クリーム……… 100mℓ
　きび砂糖………大さじ1

下準備

・オーブン用ペーパーを細長く（約10cm幅）12枚切る。
・バターは電子レンジで約30秒加熱して溶かす。

1

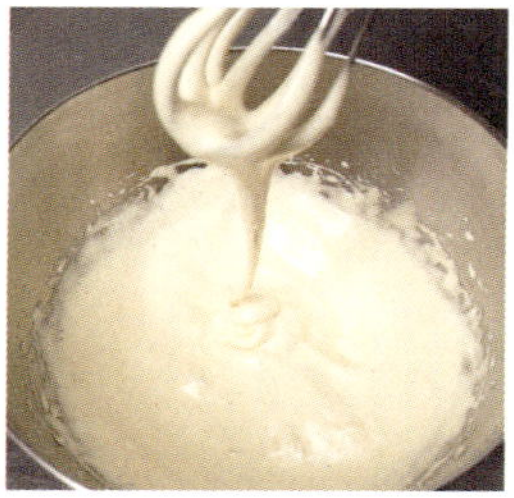

ボウルに卵、きび砂糖、メープルシロップを入れて湯せんにかけ、ハンドミキサーで泡立てる。人肌程度の温度になったら湯せんをはずし、リボン状の跡が残るまで、しっかり泡立てる。

2

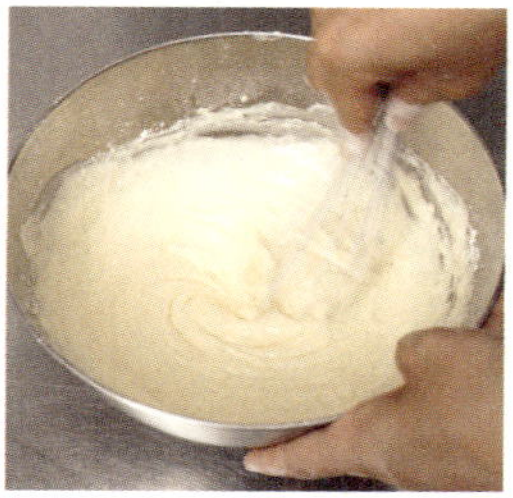

泡立て器に持ち替えて太白ごま油、溶かしバター、牛乳の順に加え、そのつどさっと混ぜてなじませる。Aをふるい入れ（a）、泡立て器で粉けがなくなるまで混ぜる。

3

フライパンを熱し、太白ごま油（分量外）を薄くひく。生地を⅙量（玉じゃくし1杯分）入れ、フライパンを傾けて小判形にする。表面がプツプツしてきたら裏返し、さらに約2分焼いて取り出す。熱いうちにオーブン用ペーパー2枚ではさみ、そっと二つ折りにしてさます（b）。残りも同様に。

4

クリームを作る。ボウルに生クリームの材料を入れ、氷水に当てながらつのがやわらかく立つまで（七〜八分立て）泡立てる。3の生地にサンドし、好みでチョコレートソースをかけても。

ここでしっかり
泡立てると、焼いた時
しぼまないのよ

a

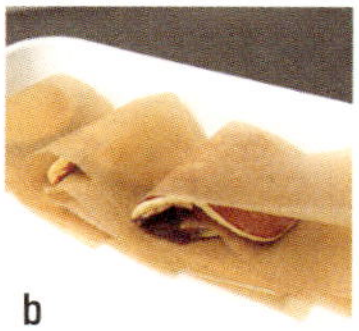
b

チョコはもちろん
ジャムやフルーツも

豆乳フレンチトースト

きな粉と黒みつでちょっぴり和風

フレンチトーストの存在を知ったのは、子どもの頃。いつも家にあった食パンを卵液にひたして焼いた、ごはんのようなおやつのような不思議な食べ物だな、と思っていました。フランスパンで作ったり、ホテルのリッチなフレンチトーストを知ったのは大人になってからです。今はプリンのような食感の濃厚なものが人気のようですが、家で作るなら、もう少し軽い、卵の風味が強すぎないものがいいですね。ちょっぴり和風のフレンチトーストは、米粉や雑穀、全粒粉のパンなど、素朴な食パンもよく合います。

材料（1人分）

- 卵……………………………1個
- 食パン（4枚切り）……1枚
- きび砂糖…………大さじ2
- バター………… 5g（または太白ごま油小さじ1）
- 豆乳（成分無調整）……80mℓ
- きな粉……………………適量

黒みつ（作りやすい分量約60mℓ）

- 黒砂糖………………30g
- きび砂糖……………30g
- 水……………………50mℓ

1

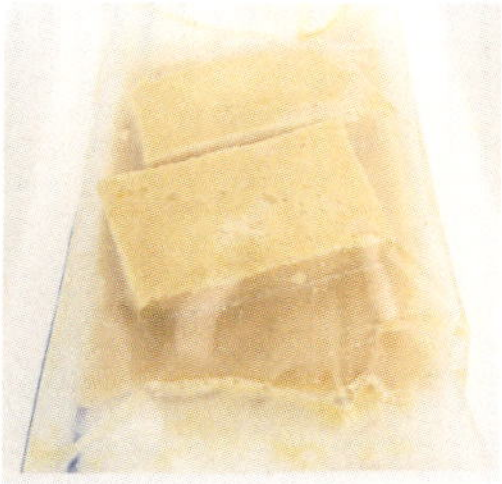

ボウルに卵、きび砂糖を入れて泡立て器でよく溶きほぐし、豆乳も加えて混ぜる（a）。パンは耳を落として半分に切り、保存用密閉袋に重ならないように入れる。卵液を注ぎ入れ、冷蔵庫で1時間以上、中まで卵液がしみ込むように途中上下を返してつける。

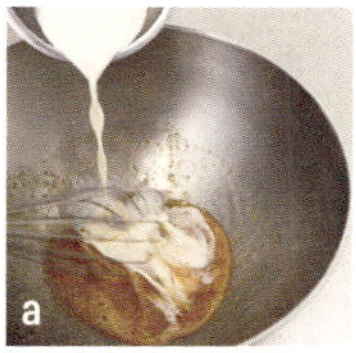

a

2

小さめの鍋に黒みつの材料を入れ、よく混ぜてから火にかける。鍋を揺すりながら砂糖をなじませ、砂糖が溶けて沸騰したらアクを除く。弱火にして約1分煮詰め、火を止めてさます。

煮詰めすぎないでね
イカン！

3

フライパンを弱火にかけてバターを溶かし、1のパンを並べ入れる。ふたをして弱火のままじっくりと、途中上下を返しながら、両面によい焼き色がつき、全体がふっくらするまで焼く。器に盛ってきな粉をふり、黒みつをかける。

焦っちゃダメ。
弱火でじっくりよ
ムムッ

懐かしドーナッツ

ケーキタイプのさっくりドーナッツ

小さな頃に母が手作りしてくれたドーナッツは、ホットケーキミックスで作るゴツゴツしたボール形でしたが、リング形のドーナッツも、思ったより簡単に作れるんですよ。生地がやわらかめですが、このやわらかさこそがふんわりした食感のポイント。しっかり冷やして打ち粉をふると扱いやすくなります。時間が経つとどんどん生地がダレてくるので、とにかく手早く！　粉は薄力粉に強力粉を混ぜ、レモン汁を加えることでふんわり、さめてもやわらかに。ケーキみたいにすっと口の中で溶けるやさしい味わいをどうぞ。

材料
（直径8cmのもの8～10個分）

卵……………………… 1個
A 薄力粉…………… 100g
　強力粉……………… 50g
　ベーキングパウダー
　……………… 小さじ1½
バター………………… 20g
きび砂糖………50g＋適量
牛乳……………… 大さじ2
レモン汁…………小さじ1
揚げ油…………………適量

下準備

・バターは電子レンジで約30秒加熱して溶かす。

1

ボウルに卵ときび砂糖50gを入れて泡立て器でよく混ぜる。牛乳、レモン汁、溶かしバターの順に加え、そのつどよく混ぜる。Aをふるい入れ、粉けがなくなるまでゴムべらでさっくり切るように混ぜ、ラップで包んで冷蔵庫で約1時間休ませる。

レモンの酸味と
ベーキングパウダーが
反応してふんわりするよ

2

ラップを広げて打ち粉（強力粉・分量外）をふり、めん棒で約1cm厚さにのばす（a）。口径約7cmのコップの縁に打ち粉をつけて円く抜く。中央は、ペットボトルのふたなどで円く抜く。端切れを合わせて再び1cm厚さにのばし、同様にコップとふたで抜いて8～10個作る。

a

3

揚げ油を低温（約160℃）に熱して2をそっと入れる。膨らむと穴が縮まるので、菜箸を穴に差し込み、静かにくるくる回しながら揚げる。きつね色になったら上下を返し、両面で約3分色よく揚げて油をきる。きび砂糖適量を入れたボウルに熱いうちに入れてまぶす（b）。

b

おいもおやつの新定番にしたい

いもけんぴ

さつまいもの和風おやつといえば、まず思い浮かぶのは〝大学いも〟かもしれません。私も大好きですが、数年前に高知でとびきりおいしい〝いもけんぴ〟に出会ってから、大学いも以上に、そのおいしさにはまってしまい、自分でも作ってみるようになりました。いもけんぴは、棒状に切ったさつまいもを揚げて砂糖をからめた、かりんとうに似た和菓子です。さつまいもは水分が多いので、低めの油でじっくりと、おいもの水分を十分にとばして揚げるのがポイント。揚げたてに蜜をからめて、ぜひあつあつカリカリのおいしさを味わってほしいおやつです。

材料
（作りやすい分量・さつまいも小1本分）

さつまいも
　……… 小1本（約200g）
バター…………………10g
きび砂糖………………40g
揚げ油（太白ごま油）…適量
シナモンパウダー……少々

1

さつまいもは、長いものは長さを半分に切り、5㎜角の棒状に切ってさっと水にさらす。ざるにあけて水けをきり、さらにペーパータオルでしっかり水けを拭きとっておく。フライパンに1㎝深さの揚げ油を入れ、さつまいもを入れて、弱めの中火にかける。

はねないように
さつまいもの水けは
しっかり拭くのよ

2

さわるとくずれやすいので、時々フライパンをそっと揺すりながら、さつまいもが透き通ってきて、全体にうっすら色づくまで12〜13分、じっくり揚げて火を通す。

さわらず焦らず
ゆっくりね

3

さつまいもを1本取り出して、揚げあがりをチェック（a）。菜箸でつまんだ感じが軽く、カリッとかたくなっていたらOK。仕上げに強火にしてカリッと揚げ、全体がきつね色になったらペーパータオルを広げたバットに取り出して油をきる。

a

4

鍋にきび砂糖と水大さじ1を入れてなじませ、火にかける。沸騰して全体に大きな泡が立ち、少しとろりと煮詰まったら、バターと3を加え、手早く全体にからめる（b）。オーブン用ペーパーの上に広げて乾くまでおき、シナモンパウダーをふる。

b

バナナホットケーキ(62〜63ページ参照)の具材を変えて

ほうれん草とベーコンのミニホットケーキ

材料(直径6〜7cmのもの8枚分)

卵1個　A(薄力粉100g　ベーキングパウダー小さじ1½)　太白ごま油10g　きび砂糖30g　牛乳50mℓ　プレーンヨーグルト50mℓ　ほうれん草½わ　ベーコン2枚

下準備

・ほうれん草はかためにゆでて水にとり、水けを絞って細かく刻む。ベーコンは5mm幅に切る。

作り方

❶ボウルに卵ときび砂糖を入れて泡立て器でよく混ぜる。ヨーグルト、牛乳、太白ごま油を順に加えて混ぜ、ほうれん草も加えてざっくり混ぜる。

❷Aをふるい入れ、泡立て器でまず中心をぐるぐる混ぜる。粉がなじんできたら、大きく外側に向かって、粉けがなくなるまで混ぜ、ベーコンも加えてゴムべらさっと混ぜる。

❸フライパンを弱火で熱し、太白ごま油(分量外)を薄くひいてなじませ、②の⅛量(玉じゃくし½杯分)をこんもり盛るように、間を開けて2つ入れ、弱火で2〜3分焼く。

❹ふつふつ気泡が出て縁が乾き、色よく焼けたら裏返し、さらに2〜3分じっくり焼く。残りも同様に。器に盛って、好みでサワークリームを添えて。

メープルワッフル(64〜65ページ参照)を抹茶味に

抹茶ワッフル

材料(6個分)

卵1個　A(薄力粉100g　ベーキングパウダー小さじ½　抹茶小さじ2)　バター、太白ごま油各20g　きび砂糖50g　牛乳120mℓ　クリーム(生クリーム100mℓ　きび砂糖大さじ1)

下準備

・オーブン用ペーパーを細長く(約10cm幅)12枚切る。

・バターは電子レンジで約30秒加熱して溶かす。

作り方

❶ボウルに卵、きび砂糖を入れてハンドミキサーで軽く混ぜる。湯せんにかけて泡立て、人肌程度の温度になったら湯せんをはずし、リボン状に跡が残るようになるまで泡立てる。

❷太白ごま油、溶かしバター、牛乳の順に加え、泡立て器でさっと混ぜる。

❸Aをふるい入れ、泡立て器で粉けがなくなるまでさっと混ぜる。

❹フライパンを熱して太白ごま油(分量外)を薄くひき、③を⅙量入れ、フライパンを傾けて小判形にする。表面がプツプツしてきたら裏返し、さらに約2分焼いて取り出す。熱いうちにオーブン用ペーパー2枚ではさみ、そっと二つ折りにしてさます。残り5つも同様に。

❺別のボウルにクリームの材料を入れ、氷水を入れたボウルに当てながら、つのがやわらかく立つまで泡立てる。④にはさみ、好みでゆであずきを添えて。

豆乳フレンチトースト(66〜67ページ参照)を軽食に

クロックムッシュ風

材料(1人分)

卵1個　食パン(8枚切り)2枚　豆乳(成分無調整)80ml　ロースハム1枚　スライスチーズ(溶けるタイプ)1枚　太白ごま油少々

作り方

❶ボウルに卵を入れてよく溶きほぐし、豆乳も加えて混ぜる。パンの耳を落として保存用密閉袋に重ならないように入れる。卵液を注ぎ入れて約10分、中まで卵液がしみ込むまで、途中上下を返してつける。

❷パン1枚の上にロースハム、スライスチーズを重ね、残りのパンをのせる。

❸フライパンに太白ごま油をひいて弱火にかけ、②を入れてふたをし、両面じっくり色よく焼いて4つに切る。

懐かしドーナッツ(68〜69ページ参照)の抜いた中央部分で作る

ミニレモンドーナッツ

材料(約13個分)

69ページのドーナッツの中央部分約13個　アイシング(粉糖100g　レモン汁大さじ1　国産レモンの皮のすりおろし½個分)　揚げ油適量

作り方

❶ボウルにアイシングの材料を入れて混ぜる。

❷69ページの要領で、キャップで抜いたドーナッツ生地の中央部分を色よく揚げて油をきる。

❸熱いうちにアイシングを表面にさっとつけ、網に上げて乾くまでしばらくおく。

COLUMN 4

甘いって大事なこと

おやつ作りで昔と変わったことといえば、「甘さ」でしょうか。
以前より使うお砂糖の量が少しだけ増えました。
とはいえ一般的なレシピよりはまだ少ないかもしれませんが、
これなら自分が十分甘いと思う量に落ち着きました。
一般的にお砂糖は悪者で、
太る、血糖値が上がるなどいろいろいわれます。
私も精製度の低いお砂糖をできるだけ控えめに
作っていた時期もありました。
ただそうすると、何だか味がぼんやりして、
たくさん食べないと満足しない。何だかかたい。
お腹はいっぱいだけど、心が満たされないような感じで、
それじゃあせっかく減らした意味がないなあと思ったのです。
市販の上等なおやつはきっぱりと甘い。
でもその甘さにはわけがあって、
おやつをやわらかくしたり、焼き色をつけたり、日持ちをさせたり、
何より適量で満足できる、潔さがあると気づいたのです。
それからは、レシピでも適度にちゃんと甘い
お菓子を目指すようになりました。
なので教室ではいつも、
「お砂糖はまずはレシピ通りに。減らすとうまくできなかったり、
物足りない味になりますよ。慣れたら少しずつ
加減してくださいね」、と伝えるようにしています。

4
ひんやりした おやつ

ひんやりしたおやつは夏のものというよりも、
食後のデザートにピッタリです。
晩ごはんのあとは、ちょこっとだけ
甘いものが食べたくなりますよね。
タッパーにまとめて作って、
スプーンで食べたい分だけ取り分けてみて。

カスタードプリン

ゆっくり蒸して作る昔ながらのプリン

小さい頃から数えきれないほど食べたプリン。姉と「プリンの素」で作ったり、デパートの食堂で食べたプリンアラモードは忘れられない味です。今はとろんとしたもの、生クリームたっぷりのリッチなものも人気ですが、私は昔食べたちょっとかための卵味のプリンが好きです。レシピはオーブンを使わず、鍋で蒸して作れるものがうれしいですよね。ポイントは余熱で火を通すこと。すが入りにくく、なめらかになります。そしてカラメルは、しっかり焦がすこと。手前で止めるとちょっぴりもの足りない味に。カラメルが上手にできれば怖いものなしです！

材料
（直径7cmのプリン型4個分）

卵……………………… 2個
きび砂糖……………… 30g
牛乳………………… 250mℓ
カラメル
　きび砂糖…………… 30g
　水………………大さじ½
　熱湯……………大さじ½
トッピング
　チェリー(缶詰)…… 4粒
　生クリーム…………50mℓ
　きび砂糖………大さじ½
バター(食塩不使用、または
　太白ごま油）………少々

下準備

・プリン型にバターまたは太白ごま油を薄くぬる。
・鍋のふたをふきんで包む。

1

カラメルを作る。小鍋にきび砂糖と水を入れてよく混ぜ、火にかける。鍋を揺すってきび砂糖を溶かし、煙が出て、しっかり茶色くなったら火を止める。鍋肌から湯をそっと入れ(a)、ゴムべらで混ぜる。すぐにプリン型に等分して入れ、粗熱をとって冷蔵庫で冷やし固める。

2

ボウルに卵ときび砂糖を入れ、泡立てるとすが入るので、泡立て器で底をこするようにすり混ぜてなじませる。別の小鍋で牛乳を温め、卵のボウルに少しずつ加えて(b)よくすり混ぜ、ざるでこす。

3

1の型に等分して入れる(c)。厚手の鍋に2cm深さの湯を煮立て、いったん火を止めて型を並べ入れる。ふたをして、ごく弱火で約5分加熱して火を止める。沸騰させると生地にすが入るので、弱火でゆっくりと火を通す。

4

そのまま30分おき、余熱でゆっくりじっくり火を通す。竹串を刺して、ドロッとした液体がついてきたら、再度沸騰直前まで弱火にかけ、余熱で火を通す。粗熱をとって冷蔵庫でしっかり冷やし、きび砂糖を加えて泡立てた生クリームを絞り、チェリーを飾る。

a

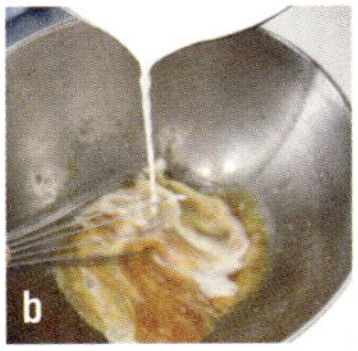
b

c

表面に張りがあり、竹串を
刺してみて、ドロッとした
液が出てこなければＯＫ
ムムッ

かぼちゃプリン

ココナッツミルクでちょっぴりアジア風味

かぼちゃをたっぷり入れたプリンは、舌触りが濃厚で、カスタードプリンより、ちょっぴり大人のおやつの雰囲気です。お好みで、ラム酒などのお酒をほんの少し加えても合いそう。牛乳ではなく、相性のよいココナッツミルクを使うことで、アジアのおやつっぽい仕上がりにしてみました。かぼちゃの甘みがあるので、カラメルはしっかり焦がしてほろ苦くするとよく合います。大きな型で作ると見た目も華やかになるので、ごはん会の時などに持ち寄っても喜ばれそうですね。

材料

(19×9×8㎝のパウンド型1台分)

卵……………………… 2個
きび砂糖……………… 20g
ココナッツミルク… 200㎖
かぼちゃ(正味)…… 150g
カラメル
　きび砂糖…………… 50g
　水………………大さじ1
　湯………………大さじ1

下準備

・かぼちゃは皮とわたを除いて150gにし、一口大に切る。
・オーブンは160℃に予熱する。

1

カラメルを作る。小鍋にきび砂糖と水を入れてよく混ぜ、火にかける。鍋を揺すってきび砂糖を溶かし、煙が出て、しっかり茶色くなったら火を止める。鍋肌から湯をそっと入れ(a)、ゴムべらで混ぜる。すぐに型に流し、粗熱を取って冷蔵庫で冷やし固める。

a

2

かぼちゃは鍋に入れ、かぶるくらいの水を加えて火にかけ、やわらかくなるまでゆでる。水けをきってボウルに入れ、フォークでなめらかにつぶす。熱いうちにきび砂糖を入れて泡立て器で混ぜ、ココナッツミルクも加えて混ぜる(b)。

b

3

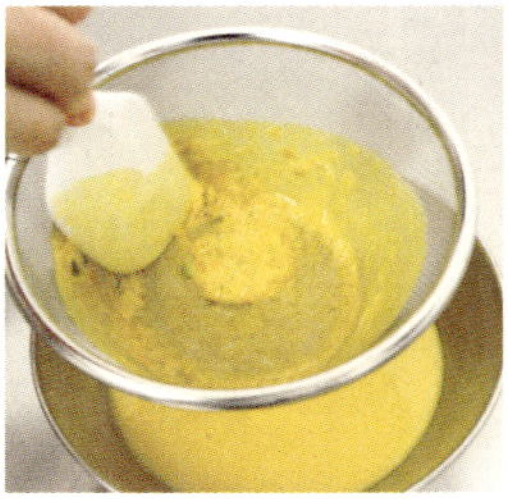

粗熱をとって卵を1個ずつ割り入れ、よく混ぜる。ざるでこしてなめらかにし、型に流し入れる。

ことひと手間で
口当たりがぐんと
よくなるのよ

4

天板にのせ、オーブンに入れて天板の半分高さまで湯を注ぎ、オーブンで45分湯せん焼きにする。竹串を中央に刺して、ドロッとした生地がついてこなければOK。網にのせて粗熱をとり、冷蔵庫で冷やす。型の縁にぐるっとナイフを入れて、皿をのせて返し取り出す。

オーブンに入れてから
お湯をそっと入れてね

レアチーズムース

クリーミーだけどヨーグルトでさっぱり

チーズケーキはふだんはベイクドタイプを作ることが多いのですが、暑い季節はオーブンなしで作れる、ムースのようなレアチーズケーキもいいですね。生地にヨーグルトを混ぜてさっぱりと、生クリームを泡立てて軽い食感に仕上げます。ソースはお好きなジャムで試してみてください。ここではマーマレードにしましたが、少し酸味のあるものが、よく合うと思います。

材料
（約120mℓのグラス4個分）

きび砂糖……………… 50g
クリームチーズ…… 100g
プレーンヨーグルト
…………………… 100mℓ
生クリーム………… 100mℓ
粉ゼラチン…………… 5g
マーマレード…………適量

下準備

・クリームチーズは室温にもどす。
・ゼラチンは水大さじ2にふり入れて、ふやかす。

1

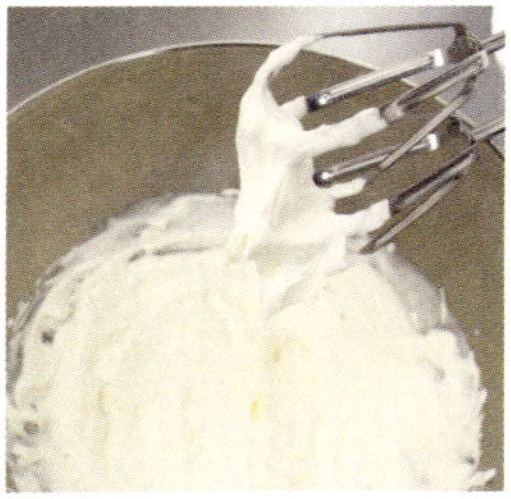

ボウルにクリームチーズを入れてゴムべらでやわらかくなるまで練り、泡立て器に持ち替えてきび砂糖を加え、よく混ぜる。ヨーグルトも加えて、さらに混ぜる（a）。別のボウルに生クリームを入れ、やわらかくつのが立つくらいの八分立てに泡立てる。

2

ふやかしたゼラチンを湯せんにかけてしっかり溶かす。1のクリームチーズのボウルに泡立て器で混ぜながら、少しずつ加えて（b）なめらかに混ぜる。生クリームのボウルにざるでこし入れる。

3

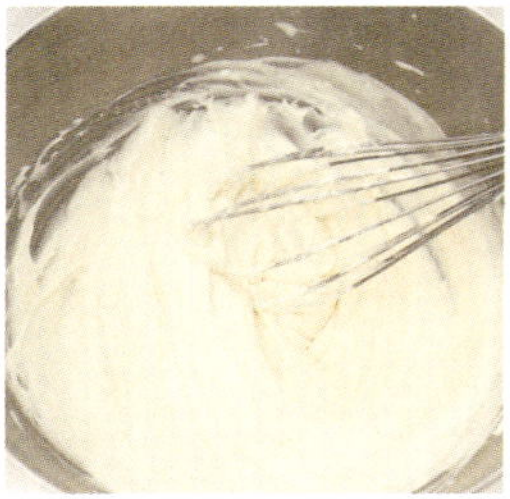

泡立て器でなめらかになるまで混ぜる。グラスに等分して入れる。冷蔵庫で約2時間おいて冷やし固める。

4

食べるときにマーマレードを添えて。マーマレードがかたいときは、水少々でのばす。

a

b

ふんわりなめらかな
生地にしてね

大人は水じゃなくて
お酒をちょっと
混ぜてもいいわね
もぐもぐ

あずきみるくアイス

自分で煮たあずきで作ると特別においしい

外ではアイスやかき氷はほとんど食べないのですが、家で晩ごはんのあと、ちょっと一息という時に食べるアイスが好きです。特に、シャリッとした、昔ながらのあずきアイスを買うことが多いのですが、家でも作れないかな？と考えたのがこのレシピです。せっかくならぜひ豆から炊いて作ってみてください。ポイントはあずきの炊き方。しっかりやわらかくなるまで煮ないとかたさが残るので、じっくり煮ます。かちこちよりも、少し溶けかけくらいがおいしいので、食べる直前に混ぜて、盛りつけてみてくださいね。

材料
（作りやすい分量・約550mℓ分）

きび砂糖……………… 100g
生クリーム………… 100mℓ
コンデンスミルク……50mℓ
牛乳…………………… 100mℓ
あずき（乾燥）……… 100g

下準備

・あずきはさっと洗う。

1

鍋にあずきとたっぷりの水を入れ、ふたをして火にかける。沸騰したら火を弱め、約5分ゆでて火を止め、そのまま約30分おいて蒸らす。ざるにあけて湯をきり、かぶるくらいの水を加えて（a）再び中火にかける。沸騰したら火を弱め、かぶるくらいに水を足しながら約45分、やわらかくなるまでゆでる。

a

2

ざるにあけて湯をきり、鍋に戻し入れて中火にかける。きび砂糖の⅓量を加えて（b）ゴムべらでやさしく混ぜる。砂糖が溶けてなじんだら、残りも2回に分けて同様に混ぜる。鍋底にスッとへらの跡が残るまで約3分煮詰め、火を止めてそのままさます（全量約300g）。

b

3

あずきをボウルに入れ、生クリーム、コンデンスミルク、牛乳を加えてさっと混ぜる。ラップをかけて冷凍庫に入れる。

3種の乳製品で
リッチなの
ムムッ

4

縁がシャリッと凍ってきたら、スプーンで空気を含ませるように全体を混ぜる。これを冷やし固める途中で2〜3回繰り返す。食べる直前に少し室温においてよく混ぜるか、フードプロセッサーにかけても。

空気を含ませると
口当たりがさらによく
なめらかになるの

おうちで楽しむベトナムデザート

チェー

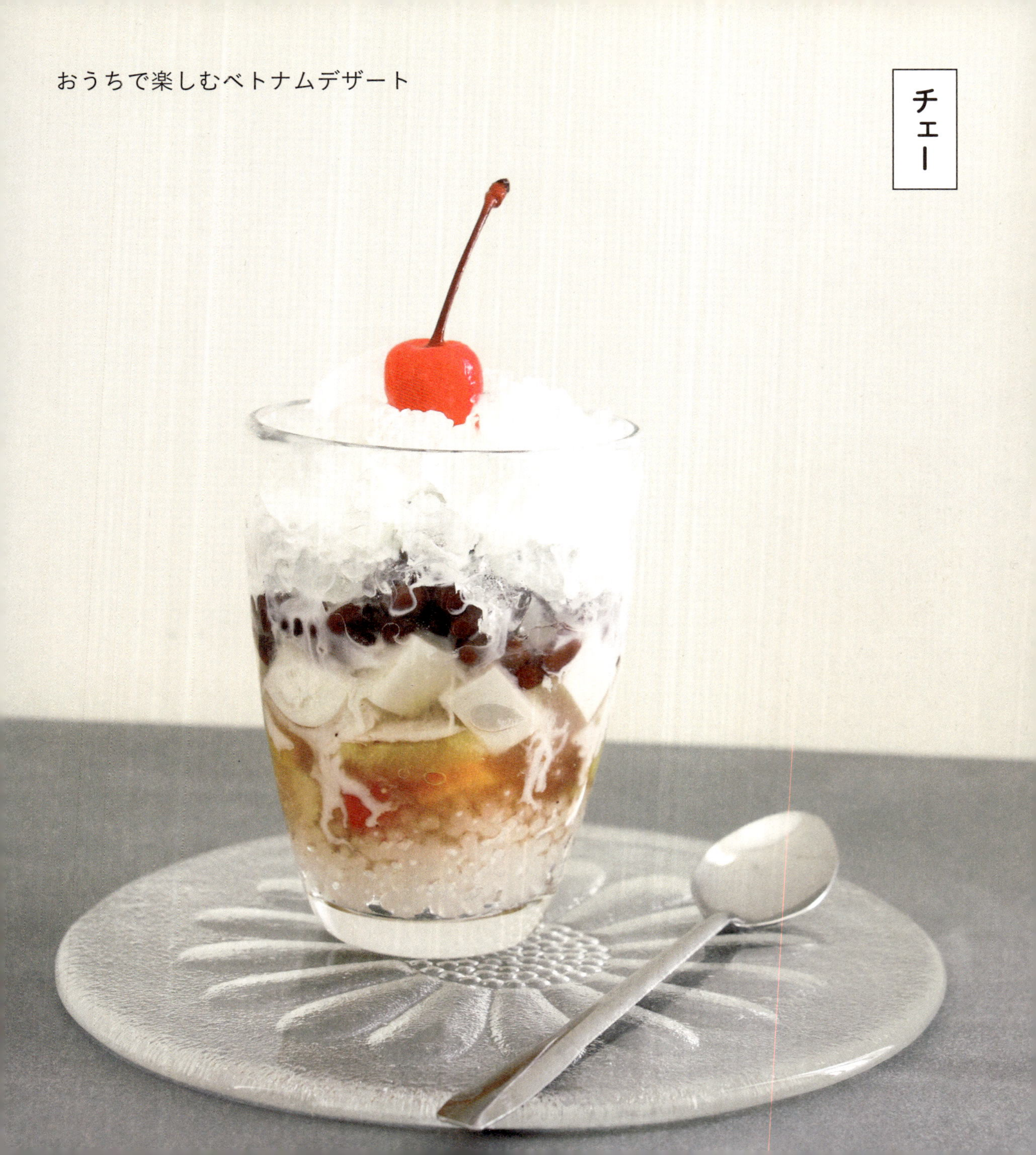

チェーはベトナムのあんみつやお汁粉のようなもの。温かいもの、冷たいものと、たくさん種類があります。料理の勉強にベトナムに行った時は、いろんなお店でチェーを食べました。甘味店には緑豆、白玉、おいも入りなど、シンプルで温かいチェーがいろいろ。対して冷たいチェーは、色とりどりのタピオカに緑豆あん、はすの実、寒天、フルーツ、ココナッツミルクに、氷をたっぷりと、盛りだくさん。屋台にはたくさんの具材が並び、好きな具を選ぶことができます。私のチェーは、ココナッツ寒天を入れるのがポイント。バランスを考えて器に入れていくのが楽しいおやつです。

材料(4人分)

ココナッツ寒天
　きび砂糖………大さじ2
　ココナッツミルク
　　………………… 200mℓ
　牛乳……………… 200mℓ
　粉寒天…………小さじ1
タピオカ……………… 30g
ミックスフルーツ缶
　……… 小1缶(約200g)
ゆであずき(市販品)· 200g
コンデンスミルク
　…………………大さじ2
氷………………………適量

1

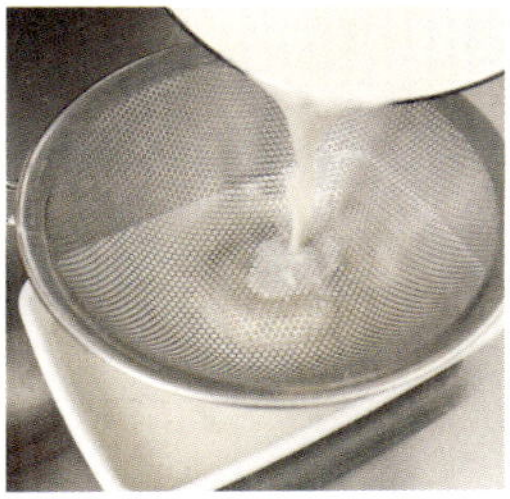

小鍋にきび砂糖と粉寒天を入れ、牛乳を少しずつ加えて混ぜる。ココナッツミルクも加えて混ぜ、火にかける。絶えず混ぜながら、沸騰したら火を弱め、さらに約1分煮る。バットにこし入れて粗熱をとり、冷蔵庫で1時間以上冷やし固める。

なめらかにしてね

2

小鍋にタピオカとたっぷりの湯を入れて火にかけ、時々混ぜながら、まん中にポツンと白い芯が残り、周りが透明になるまで15〜20分ゆでる。ざるにあけて流水をかけ、ぬめりをとっておく(a)。

a

3

1を1〜2cm角に切る。氷適量は厚手のポリ袋に入れ、めん棒で細かくたたき砕く。ミックスフルーツは小さく切る。細長いグラスにタピオカ、ミックスフルーツをシロップごと、寒天、あずき、氷、コンデンスミルクの順に、適量ずつ重ね入れ、好みでチェリーを飾る。

好きな具材をたっぷり。
小さく切って重ねるだけ

ジンジャーシロップ

夏はソーダ、冬はホットで一年中楽しめます

ジンジャーシロップを作り始めて15年。レストランでコックをしていた頃、フィリピン産のおいしい砂糖と出会い、この砂糖が生きるレシピをと、ジンジャーエールを作ったのがきっかけでした。それからイベントで販売したり、カフェのメニューにと、いろいろアレンジしながら作り続けています。個人的にはしっかりしょうが風味が感じられるものが好きなので、皮つきのままフードプロセッサーにかけ、しょうがを余すことなく使います。スパイスやレモンを加えると、ぐっと奥行きのある味に。寒い時期はお湯で割ったホットジンジャーや、チャイもおすすめ。こしたしょうがもカレーなどに使って。

材料
（作りやすい分量・約300mℓ）

きび砂糖……………… 220g
はちみつ………………… 20g
しょうが……………… 300g
スパイス
　ローリエ……………… 1枚
　赤とうがらし（種を取る）
　　………………………⅓本
　シナモンスティック ½本
レモン汁…………小さじ1

1

しょうがは、表面のくろずんだ汚れが目立つところだけ包丁で削り取り、皮つきのままぶつ切りにする。フードプロセッサーに水50mℓとともに入れ、ペースト状になるまでかくはんする。お茶用パックにスパイスを入れる。

2

鍋に1のしょうがと、きび砂糖、スパイスを入れて水150mℓを加え、ひと混ぜして火にかける。沸騰したらアクを除き、弱火で約30分煮て、スパイスを除く。

3

ボウルにざるを重ねてあけ、ゴムべらでギューッと押してこす（b）。こした液をざるにペーパータオルを敷いてさらにこす。はちみつ、レモン汁を加え、溶かすように混ぜる。粗熱をとって保存瓶に入れ、冷蔵保存を。好みで炭酸で割ってジンジャーエールに。
・冷蔵庫で約10日間保存可。

b

a

カスタードプリン(76〜77ページ参照)をアレンジ

ベトナム風プリン

材料(直径 7 cmのプリン型 4 個分)

卵 2 個　牛乳250mℓ　コンデンスミルク大さじ 3　コーヒーシロップ(インスタントコーヒー小さじ 1　きび砂糖小さじ 1　熱湯適量)　バター(食塩不使用、または太白ごま油)少々

下準備

・プリン型にバター、または太白ごま油を薄くぬり、冷蔵庫で冷やす。
・鍋のふたをふきんで包む。

作り方

❶ボウルに卵とコンデンスミルクを入れ、泡立て器でボウルの底をこするようにすり混ぜる。
❷小鍋に牛乳を入れて火にかけ、鍋肌からふつふつし始めたら火を止める。①に少しずつ加えながらよくすり混ぜ、ざるでこしてプリン液を作る。
❸型にプリン液を等分して入れる。厚手の鍋に 2 cm深さの湯を煮立て、いったん火を止めて型を並べ入れる。
❹ふたをし、ごく弱火で約 5 分加熱して火を止める。そのまま30分おき、余熱でゆっくり火を通す。竹串を刺してチェック。ドロッとした生地がついてこなければOK。まだの時は、再度沸騰直前まで弱火にかけ、火を止めて余熱で火を通す。
❺冷蔵庫でしっかり冷やし、濃いめに溶いてさましたコーヒーシロップをかける。

レアチーズムース(80〜81ページ参照)の生地を豆腐にして

豆腐レアチーズ

材料(約120mℓのグラス 4 個分)

きび砂糖60 g　クリームチーズ100 g　生クリーム100mℓ　絹ごし豆腐100 g　粉ゼラチン 5 g　レモン汁小さじ 2

下準備

・クリームチーズは室温にもどす。
・ゼラチンは水大さじ 2 にふり入れてふやかす。
・豆腐はすり鉢でなめらかにする。

作り方

❶ボウルにクリームチーズを入れてゴムべらでやわらかくなるまで練り、きび砂糖を加えて、泡立て器でよく混ぜる。豆腐とレモン汁も加えて混ぜる。
❷別のボウルに生クリームを入れて、やわらかくつのが立つまで泡立てる。
❸ふやかしたゼラチンを熱湯で湯せんして溶かし、①に少しずつ、泡立て器で混ぜながら加え、なめらかに混ぜる。
❹③を②にざるでこして入れて、泡立て器でなめらかになるまで混ぜる。グラスに等分して入れ、冷蔵庫で約 2 時間冷やし固める。型から出して、好みのジャムをかけても。

あずきみるくアイス（82〜83ページ参照）をミニどら焼きでサンドして

どら焼きアイスサンド

材料（約６個分）

83ページのあずきみるくアイス全量　卵1個　A（薄力粉80ｇ　ベーキングパウダー小さじ½）　きび砂糖50ｇ　みりん小さじ1　太白ごま油適量

作り方

❶ボウルに卵、きび砂糖、みりん、水50㎖を加えて泡立て器でよく混ぜる。Aをふるい入れ、粉けがなくなるまで混ぜる。

❷フライパンに太白ごま油を薄くひいて熱し、生地を大さじ1を目安に円く流し入れる。両面色よく焼いて取り出し、網にのせてさます。残り５枚も同様に焼く。

❸あずきみるくアイス⅙量を②に平らに広げてのせ、もう1枚ではさむ。ラップでぴっちり包んで、冷凍庫で落ち着くまで冷やす。

チェー（84〜85ページ参照）をホットにアレンジ

温かいチェー

材料（２人分）

さつまいも½本　ゆであずき（市販品）100ｇ　ココナッツミルク100㎖　ピーナッツ適量

下準備

・ピーナッツは粗く刻む。

作り方

❶さつまいもは皮をむいて一口大に切り、水からやわらかくゆでて湯をきり、粗くつぶす。

❷ココナッツミルクを小鍋に入れて火にかけ、沸騰直前まで温める。

❸器に①を等分して、ゆであずきとともに盛り、②をさつまいもの上からかける。ピーナッツを散らす。

失敗しない おやつ作りのポイント

そもそもの話ですが、〝おやつ作りに失敗〟って、あまりないと思っているんです。

少々焦げてもぺちゃんこでも、作ってる時が楽しくておいしく食べられたら、まぁ、いっか？

そのくらいおおらかに作ってもらえたらと思っているので、少々不格好でも全然問題なしです。

とにかく大事なのは、分量と作り方をしっかり守ること。

この本のおやつの、共通ポイントをご紹介します。

1 材料を混ぜる時は

材料は、やわらかさを近づけながら混ぜていきます。やわらかいものにいきなりかたいものを加えても混ざりにくく、必要以上に混ぜると気泡を消してしまったり、分離することがあります。温度差をなくすことも大切です。

2 混ぜる時の道具の使いわけは

泡立て器は空気を含ませながら泡立てたり、気泡を潰さずに混ぜるのに向いています。やわらかい液体に材料を混ぜる時も泡立て器が便利です。ゴムべらは、面を大きく使って混ぜるので、生地を傷めにくく、均一に整えたり、重い生地を練らないように混ぜるのに活躍します。ハンドミキサーは、泡立て器では難しい作業に使います。

3 共立て、別立てって？

共立ては全卵を泡立てる方法。しっかりした生地が特徴です。ベーキングパウダーを加えることもありますが、基本的には卵の力で膨らみます。しっかり泡立てると、ふっくらしぼまない生地に。別立ては卵黄と卵白を別々に泡立てる方法。きめ細かな水分を含んだ生地が特徴です。卵黄と卵白を混ぜる時は、一度に混ぜると泡が消えてしまうので、卵白を卵黄にひとすくい混ぜてから（左）、卵白に卵黄を加えます（右）。

4 生地の状態、どんな感じ？

「ピンとつのが立つ」は、卵白を泡立ててメレンゲを作る時に使う表現。卵白は泡立てると、とろりと白っぽくなり、もこもこかさが増し、砂糖を加えるとさらにかたさとつやが出ます。ハンドミキサーを持ち上げ、先がもったり垂れればまだまだ、ピンとつのが上を向くまで泡立てます(左)。「リボン状に跡が残る」は、きめ細やかな生地が、泡立て器を持ち上げた時に、リボンを垂らしたように跡が残る様子です(右)。

5 オーブン用ペーパーの敷き方は

オーブン用ペーパーに型をのせ、型の高さより１～２㎝長めのところで切り、型に合わせて折り目をつけ、角の部分に４本切り込みを入れます。折り目に沿って内側に折り込み、型の中に敷くと、型より高くはみ出しているので、焼いた時に生地が膨らんでもあふれず、取り出しやすくなります。

6 粗熱のとり方は

カリッとした食感を楽しむクッキーなどは、中までしっかり水分をとばしたいので、網の上に天板ごとのせ、完全にさめるまでおきます。天板の余熱で水分がとび、カリッとさくっとした食感に。一方、しっとりふんわりのケーキは、余熱が入らないようにすぐに天板からはずし、網の上に取ります。型焼きのお菓子も蒸れないように型をすぐに外しますが、やわらかいベイクドチーズケーキは例外で、型のままさまします。

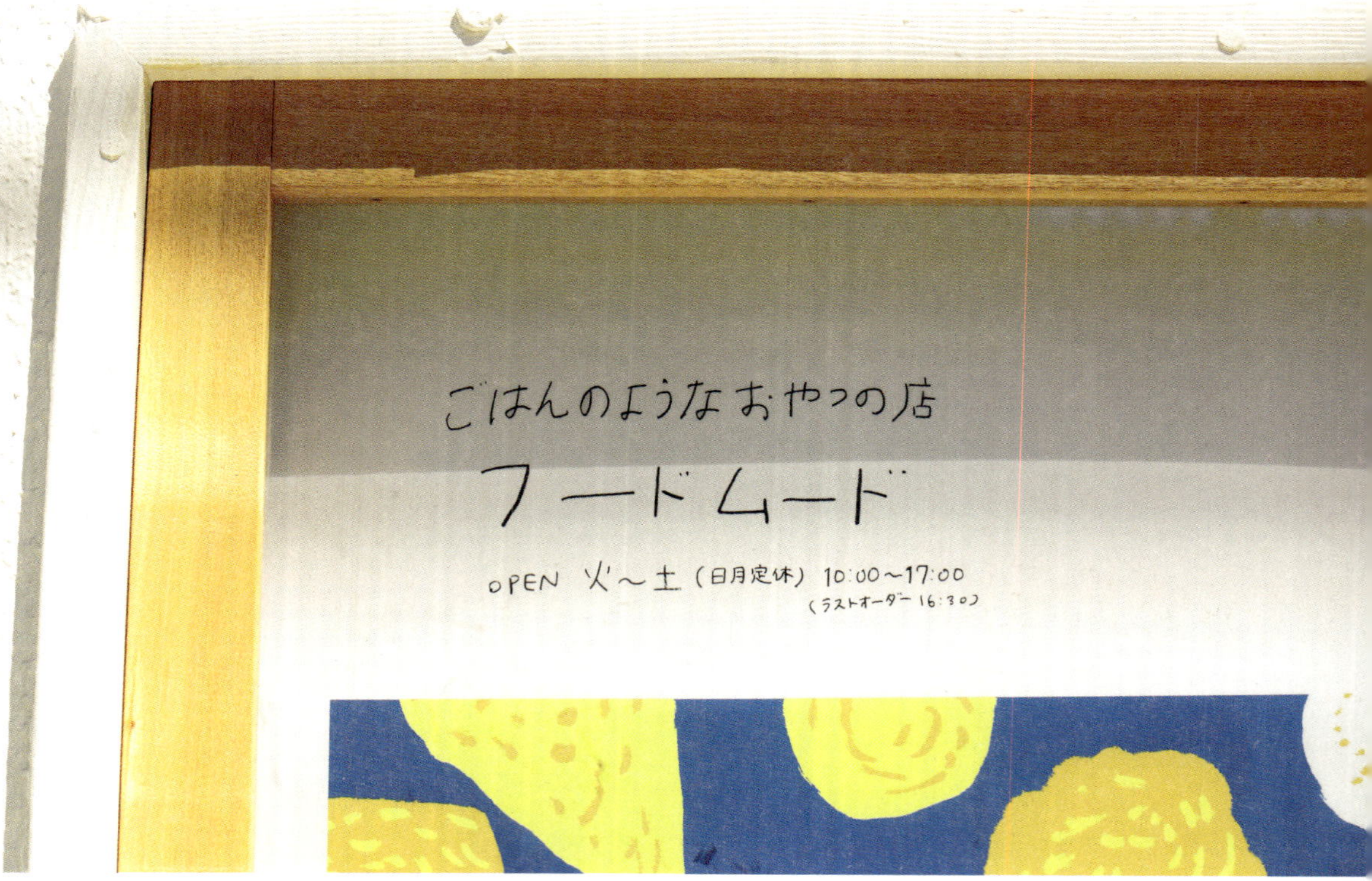
ごはんのようなおやつの店
フードムード
OPEN 火〜土（日月定休）10:00〜17:00
（ラストオーダー16:30）

フードムードのこと

2015年4月に新しい場所へ引っ越しました

フードムードは「ごはんのようなおやつの店」をテーマに、心もおなかも満足できるおやつたちを作っています。場所は東京都国立市。駅から商店街をしばらく歩くと、黄色いちょっととぼけたイラストの看板が見えてきます。おやつの楽しい雰囲気が伝わるといいなと思い、描いてもらった「ｆｏｏｄ ｍｏｏｄ」の目印です。

おやつのメニューはオープン当初から変わらず、「クッキーBOX」がメイン。6種のクッキーをオリジナルの箱に詰め合わせています。この他、シフォンケーキやパウンドケーキ、ごはん代わりにもなるおやきなど、焼き菓子を15種類前後ご用意しています。

フードムードがふつうのケーキ屋さんと違うのは、大きな業務用のオーブ

ンやミキサーはなく、少し大きめの家庭用で、小回りをきかせてたくさんのクッキーを焼き上げているところ。スタッフたちはくるくると動き回って、一日中がんばって仕事をしています。お店のふんわりしたイメージとは違って、厨房は、夏はオーブンの熱で焼けるように暑く、冬は足元から冷えるきびしい仕事場です。

そしてフードムードのおやつの一番大きな特徴は、バターではなく菜種油で作ること。よくおやつを買われたお客様に「素直な味」とか「素材そのもの味」と言われることがありますが、それはバターを使っていないということが一番の理由だと思います。西洋菓子はバターと素材の組み合わせで、圧倒的な満足感を生み出すことができますが、バターを使わないということは、バター以外の素材がくっきりと浮かび上がるということ。バターを使わなくても、心も体も満足できるおやつを目指して、今日もおやつを作っています。近所のおじいちゃんおばあちゃん、ヘルシーなおいしさが通用しない(笑)お父さんたちまで、みんなに満足してもらえるおやつになりますようにと。

新しい店では
カフェも始めました

　信頼できる作り手さんから取り寄せたコーヒー豆や紅茶、自家製のジンジャーエールなど、いろいろな飲み物を用意して、おやつと一緒に楽しんでいただいています。飲み物で人気はカフェオレ、おやつは何といってもシフォンサンドです。シフォンケーキに、季節の手作りジャムと生クリームをサンドしたものです。焼き立てあつあつのおやきもおすすめです。自家製あんこや、切り干し大根のアラビアータ、なすとベーコンの中華風、しょうがたっぷりのキーマカレーなど、季節で変わるしょっぱいおやきは、お昼ごはんとして召し上がる方も多いです。

物販スペースでは、私の著書とともに、お店でも使用している菜種油やメープルシロップなどの製菓材料、カフェでもお出ししているコーヒー豆や紅茶、オリジナルのバッグやシフォン型、出身地新潟の胎内高原ワイナリーのワインなども販売しています。

そして時には、カフェスペースの一部を利用して、ご縁のある作家さんや仕入れ先の方を招いて、不定期でのイベントや、展示販売会も行っています。

フードムードは、いつでも小さな楽しみがあるお店であればいいなと思っています。

SHOP DATA

foodmood（フードムード）

東京都国立市西2-19-2

☎042-573-0244

㊖10：00〜17：00

（ドリンクL.O.、予約の受け取りは16：30まで）

㊡日、月曜

http://foodmood.jp/

初めてでも失敗しない51のレシピ

まいにちおやつ

2015年11月19日　第1刷発行

著者／なかしましほ
発行者／馬庭教二
発行／株式会社KADOKAWA
　　　〒102-8177
　　　東京都千代田区富士見2-13-3
電話／営業 03-3238-5460
http://www.kadokawa.co.jp/
印刷・製本／凸版印刷株式会社

乱丁、落丁の場合、お手数ですがKADOKAWA読者係までお申し出ください。送料は小社負担にてお取替えいたします。古書店で購入したものについては、お取替えできません。
KADOKAWA読者係
〒354-0041　埼玉県入間郡三芳町藤久保550-1
電話／049-259-1100(土、日曜、祝日除く9時〜17時)

Printed in Japan
ISBN978-4-04-894737-4　C0077

PROFILE

なかしましほ

1972年新潟県生まれ。音楽・出版関係の仕事を経て料理の道へ。ベトナム料理店、オーガニックレストランで働き、フードコーディネイトの仕事に携わった後、「foodmood(フードムード)」の名で、体にやさしい素材で作るお菓子工房をスタート。2010年春には東京都国立市に、予約の絶えない小さなお店を開店。2015年春には同国立にカフェを併設したお店を移転開店し、日々行列ができる人気店となる。著書多数。全国の各種イベント、ワークショップ、料理教室などで活躍中。料理レシピ本大賞 in Japan 2014お菓子部門で見事大賞を受賞。

STAFF

デザイン／葉田いづみ、小川恵子
撮影／広瀬貴子
スタイリング／久保百合子
イラスト／中島基文
調理アシスタント／武藤 梓、柴野絵美
校正／麦秋アートセンター
編集／本澤佐好子